Abgeblitzt

Für alle, die mich kennen.
Außer für Doro.

Sebastian Leber

Abgeblitzt

33 Männer berichten
von herzzerreißenden Abfuhren,
schmachvollen Niederlagen und
unerwiderten Gefühlen

SCHWARZKOPF & SCHWARZKOPF

»Das Leben ist voller Möglichkeiten,
aber du kriegst nie eine.«

CHARLIE BROWN

Vorwort

Liebe Leserinnen, liebe Leser!

Wenn eine amerikanische Hummerfrau einen amerikanischen Hummermann attraktiv findet, hebt sie ihre Scheren, etwa eine Stunde lang. Dann schrumpft sie auf ein Viertel ihrer Körpergröße, schlüpft aus dem Panzer und ist paarungsbereit. Er muss dabei eigentlich nur atmen.

Beim Menschen ist es komplizierter, zumindest für die Männer. Sie müssen werben, beobachten, abwägen, riskieren. Man kann ihnen viel vorwerfen, aber sicher nicht, dass sie sich keine Mühe geben. Wenn Männer anfangen, sich seltsam zu benehmen, wenn sie lügen und sich in brenzligen Situationen um Kopf und Kragen reden, wenn sie auf die Idee kommen, schwülstige Briefe zu verfassen, absurde Regeln zu befolgen und auswendig gelernte Sprüche aufzusagen, dann hat das immer einen Grund.

33 Männer waren bereit, ihre Geschichte zu erzählen. Für manche war es eine Qual, für andere die Gelegenheit zur Abrechnung. Sollten sich einzelne Leserinnen in diesem Buch wiedererkennen, ist das vielleicht purer Zufall. Oder Anlass, sich zu fragen, ob sie nicht ein bisschen zu hart gewesen sind.

Dieses Buch ist kein Ratgeber. Dieses Buch enthält Peter-Maffay-Zitate. Und trotzdem wird *Abgeblitzt* einiges erklären.

Berlin, im Januar 2010

Sebastian Leber

Kugelmenschen

Jakob (25), Illustrator, Berlin
über
Mona (24), Kellnerin, Berlin

Sie saß neben mir auf der Couch, zwischen uns der kleine Stoff-hase. Ich versuchte es mit Konversation: »Wer ist eigentlich schrecklicher: Wilson Gonzalez oder Jimi Blue?«

Mona überlegte, aber sie hatte zu diesem Thema keine ent-schiedene Meinung. Ich begann, mit den Fingern zu knacken. Sie sagte, davon gingen die Gelenke kaputt. Immerhin war das jetzt eine Art Unterhaltung.

Wenn man die unschönen Anfangsmomente doch bloß über-springen könnte und bereits wüsste, wie alles ausgeht. Wie schade, dass man sein Leben nicht vorspulen kann.

Ich sagte: »Da, wo du ein Piercing trägst, habe ich mir letztes Jahr ein Muttermal weglasern lassen.«

Sie sagte: »Okay.«

Ich hatte nicht ahnen können, dass ich an diesem Abend einer Frau mit Piercing gegenübersitzen würde. Meine Freundin Celine hatte das Treffen arrangiert, angeblich, um zwei glücklose Singles ihrem jeweiligen Traumpartner zuzuführen.

»Ihr würdet echt gut zusammenpassen«, diesen Satz hatte ich mehrere Wochen lang gehört und irgendwann selbst geglaubt.

Plausibel begründen konnte Celine ihn nicht. Angeblich ähnelten wir uns »von der Art her«. Ich mag eigentlich gar keine Piercings.

Ursprünglich wollte Celine uns auf einer Party oder bei einer anderen passenden Gelegenheit einander vorstellen. Doch irgendwie klappte das nie, und bald hatte die Angelegenheit einen Grad an Peinlichkeit erreicht, dass an zufälliges Kennenlernen in entspannter Atmosphäre nicht mehr zu denken war. Das sah selbst Celine ein.

Deshalb ihre Blind-Date-Idee.

Ich sagte: »Ich bin dabei, wenn Mona dabei ist. Fragst du sie?«

»Das habe ich schon. Sie ist einverstanden.«

»Wie einverstanden? So ein bisschen oder so richtig?«

»Ich glaube, sie ist aufgeregt.«

Die Details gab uns Celine später per SMS durch:

»Sonntag, 20 Uhr, ›Gabbana Lounge‹. Bringt Stofftiere zur Erkennung mit.«

Ich wusste nicht, dass der letzte Satz als Scherz gemeint war. Mona leider schon.

Die zu erwartende Abwechslung kam gerade recht. Eigentlich hatte ich damals Gefühle für eine Frau namens Astrid. Man kann sagen, es war eine Love-Hate-Beziehung, wobei der Love-Anteil im Wesentlichen von mir ausging. Außerdem sollte jeder mal ein Blind Date erlebt haben, redete ich mir ein. Jetzt bloß nicht an all das denken, was schiefgehen könnte. Füttere das Monster nicht.

Am Vorabend kam die Panik, ich war mir sicher, dass Celine zu dick aufgetragen hatte und Mona jetzt keinen Geringeren als Jude Law akzeptieren würde. Ich bat Celine, das Date abzusagen, aber sie blieb stur. Die Nacht schlief ich unruhig, ich rechnete damit, am Morgen mit einem dicken Pickel im Gesicht aufzuwachen. Doch ich blieb verschont.

So saßen wir also Sonntagabend auf der Ledercouch im »Gabbana«. Aus dem Augenwinkel sah ich die Flammen des Kamindisplays über der Theke zucken, immer schön im Takt der House-Musik. Mein Herz schlug wesentlich schneller.

»So, du hast also kein Stofftier dabei?«

Sie sagte Nein, die Idee sei ihr insgesamt zu Söhne-Mannheims-mäßig vorgekommen.

Ich hätte gegenhalten können, stattdessen sagte ich: »Du glaubst gar nicht, wie aufgeregt ich gerade bin.«

»Na ich erst. Aber seit vier Tagen schon.«

Wir gestanden uns, dass wir beide Celine gebeten hatten, das Treffen abzusagen. Sie hatte sogar Magenbeschwerden vorgetäuscht. Wir redeten uns unsere Aufregung von der Seele, und dann war es mit einem Mal sehr angenehm.

»Mann, ich war so nervös, ich habe mir vorhin drei Mal die Zähne geputzt«, sagte sie.

»Ich habe Liegestütze gemacht, damit sich mein Körper aufpumpt. Und dann Wodka getrunken.«

Je länger wir uns unterhielten, desto deutlicher wurde mir, dass Celine eine ausgezeichnete Wahl getroffen hatte. Ich war froh, dass ich eingewilligt hatte. Machen ist immer besser als nicht machen.

Gegen drei standen wir draußen auf dem Bürgersteig unter einer Laterne, sie sagte: »Im Dunkeln sahst du irgendwie cooler aus.« Zum Glück lachte sie.

Wir zogen durch die Stadt auf der Suche nach etwas Verrücktem. Etwas so Ungewöhnlichem, dass wir uns noch lange an diese Nacht erinnern würden. Ideen hatten wir genug: ins Schwimmbad einbrechen, beim Chinesen »Free Tibet« an die Toilettenwand schmieren oder wenigstens eine Bankfiliale entglasen. Mona wollte ein großflächiges Graffiti an die Mauer des Reichstags sprühen. Nichts Politisches, am besten bloß »Wir waren hier«.

Am Ende kletterten wir auf einen Baukran. Ich kann das niemandem empfehlen, es zieht dort oben und gesichert ist man auch nicht. Mona fürchtete, dass ein Windstoß uns in die Tiefe reißen würde, ich fürchtete eine Anzeige wegen Hausfriedensbruchs.

Sie sagte, es tue gut, mal etwas Unvernünftiges zu wagen, das über das Kaufen sinnloser iPhone-Apps hinausgehe.

Ich sagte: »Ich werfe manchmal mit Boulekugeln nach Tauben.« Aber das glaubte sie mir nicht.

Mona wollte wissen, wie meine Traumfrau aussehe.

»Brigitte Mohnhaupt auf den alten Fahndungsfotos aus den Siebzigern.«

»Sehr gute Wahl.«

»Und selbst?«

Da fing sie plötzlich mit der Antike an. Nach Platon waren Mann und Frau früher zusammengewachsen, und weil sie so rund aussahen, hießen sie Kugelmenschen. Die waren so perfekt, dass sie den Göttern gefährlich wurden, also kam Zeus und zerschnitt jeden Kugelmenschen in zwei Hälften.

Ich wusste nicht genau, was Mona damit ausdrücken wollte, ich war beschäftigt genug, mich am Geländer festzuhalten. Aber irgendwie schien ihre Platon-Geschichte auch mich zu betreffen.

»Meinst du, das kann etwas werden mit uns?«

Sie schwieg eine Weile. Lächelte mich an und schwieg. Dann sagte sie: »Man kann ein Pflaster am Arm auf zwei Arten abreißen. Mit einem Ruck, dann schmerzt es kurz, aber heftig. Oder man zieht das Pflaster ganz langsam ab, dann ist es eine echte Qual.«

Ich fragte, ob man nicht einfach warten könne, bis das Pflaster von alleine abfalle, aber darauf ließ sie sich nicht ein.

»Ich fürchte, Jakob, es reicht einfach nicht.«

Wir kletterten den Kran runter, und ich wollte Tschüss sagen, aber Mona meinte, sie kenne einen Bäcker in der Nähe, der gleich aufmache. Der habe ganz guten Kaffee.

Ich folgte ihr und dachte: Vielleicht geht es ja genau darum. Zu begreifen, dass es ein Leben nach dem Korb gibt. Geben muss. Auf dem Weg klemmte sie meinen Hasen einem Bulli auf den Dachgepäckträger.

Sie sagte: »Wer weiß, vielleicht ist der morgen schon in Italien.«

Aller guten Dinge sind wir

Dennis (32), Volkswirt, München
über
Annika (28), Restauratorin, München

Erster Versuch. Wir saßen im »Baader Café«, zwei Blocks von Annikas Wohnung entfernt, genau wie früher. Sie hatte Apfelschorle und Schokokuchen, ich meinen Cappuccino, genau wie früher. Außerdem kaute sie auf ihrer Unterlippe herum, wie immer, wenn sie angespannt war. Sie sagte: »Es ist ja gar nicht so, dass ich noch groß verletzt wäre. Ich habe bloß keinen Bock mehr auf dich.«

Es war ihr gutes Recht, keinen Bock mehr zu haben. Wir waren zwei Jahre zusammen gewesen, dann betrog ich sie mit ihrer Freundin. Richtig miteinander geschlafen haben wir nicht, aber es fehlte nicht viel, die Hosen waren weit genug unten. In letzter Sekunde entschied sich Ulrike dagegen, und obwohl wir uns einig waren, dass Annika nie davon erfahren durfte, plauderte sie es zwei Wochen später doch aus. Sie hatte wohl Angst, ich könnte als Erstes auspacken und dann als der Moralischere von uns beiden dastehen. In der Spieltheorie nennen sie das »Gefangenen-Dilemma«.

Annika machte noch am selben Tag Schluss. Sie gewährte mir ein letztes Telefonat, in dem ich mich endlosschleifenartig entschuldigte und Gründe aufzählte, warum sie mich bitte nicht verlassen durfte. Nach zwei Stunden hatte sie genug.

Annika war keine von den Frauen, die nach Ende einer Beziehung Wertsachen aus Fenstern werfen oder anfangen, hinter deinem Rücken schmutzige Wäsche zu waschen; soweit mir berichtet wurde, ging sie nicht mal zum Friseur. Allerdings dauerte es ein Vierteljahr, bis sie zumindest wieder am Telefon mit mir sprach, und ein weiteres, bis sie einem Treffen zustimmte. An diesem Morgen im »Baader Café« sagte ich ihr, dass wir zusammengehörten. Sie kaute so stark auf ihrer Unterlippe, dass es mir schon beim Zuschauen wehtat. Da wusste ich, dass die Zeit noch nicht reif war.

Zweiter Versuch. Wir fuhren in meinem Corolla auf der A8. Wir hatten in Augsburg den Geburtstag ihrer Mutter gefeiert und waren nun auf dem Heimweg zurück nach München. Ich saß am Steuer, sie daneben. Ihre Eltern wussten natürlich, dass wir kein Paar mehr waren, aber in den zwei Jahren unserer Beziehung war ich ihnen ans Herz gewachsen. Offenbar hatte Annika ihnen den Grund unserer Trennung vorenthalten, denn gerade ihr Vater benahm sich rührend. Zur Begrüßung nahm er mich gleich zweimal in den Arm. Ich hatte eher damit gerechnet, er würde mich totschlagen und dann im Wald verscharren. In der Umgebung von Augsburg gibt es viel Wald.

Bei unserer Heimfahrt war es dunkel und neblig, also fuhr ich langsam. Die siebzig Kilometer vom Haus ihrer Eltern bis ins Münchner Glockenbachviertel kannte ich auswendig.

»Ich glaube, deine Familie würde sich freuen, wenn du mir verzeihen könntest«, sagte ich.

Sie machte nur »Pffft«.

Ich schaltete einen Gang höher, und Annika legte ihre Hand auf meine. So blieben sie eine Weile auf dem Schaltknüppel liegen. Wie hatte ich diese weiche Haut vermisst.

»Ganz ehrlich, wenn es umgekehrt wäre, würde ich dir eine zweite Chance geben.«

»Wie schön für mich.«

Ich vernahm zwar ihre ablehnenden Worte, aber ihre Hand auf meiner Hand sagte: Uns verbindet so viel.

Dritter Versuch. Annikas neuer Freund war scheußlich. Groß und klobig, wenig Haare auf dem Kopf, dafür viele an den Backen, eine Art Koteletten in ungepflegt. Sollte jemand die Musicalversion von *Shrek* planen, er wäre die ideale Besetzung für die Titelfigur. Ich kann nicht beschwören, dass dieser Mann wirklich so unansehnlich war, wie er mir in Erinnerung geblieben ist. Womöglich hatte er doch irgendein liebenswertes Detail an sich. Das muss aber sehr gut versteckt gewesen sein. Warum sich Annika gerade den ausgesucht hatte, blieb mir schleierhaft.

Wir gingen zusammen aus, und ich hasste es, wie er neben ihr saß. Ich hasste es, wenn ich nicht seine beiden Hände über der Tischplatte sehen konnte. Die Vorstellung, er könnte in diesem Moment Annikas Bein kraulen, machte mich wahnsinnig. Nur ich wusste, wie sie gern gekrault wurde, ganz leicht nämlich, mit gerade so viel Druck, dass es nicht kitzelte, das war keine Aufgabe für einen Troll.

Schon bei der Willkommensumarmung war mir aufgefallen, dass Annika ein neues Parfüm benutzte. Ich wusste nicht, welches, ich kannte nicht mal den Namen ihres alten, aber ich merkte den Unterschied. Das roch irgendwie – anders.

Ich wollte Annika unbedingt zurückhaben. Ich vermisste die seltsamen Wörter, die sie in Gesprächen gelegentlich einstreute, obwohl Menschen unseres Alters die eigentlich gar nicht kennen dürften, »akkurat« zum Beispiel oder »pittoresk«. Ich vermisste, wie sie kurz vorm Einschlafen heftig zuckte, und wie sie mir nachts die Bettdecke raubte. Niemand konnte das besser als Annika.

Ich kaufte ihr eine Blume. Keine Rose, das wäre fatal gewesen, Annika hat einen gewissen Sinn für Romantik, aber nur, solange diese bloß ganz dezent angedeutet wird. Sonst ist es gleich kitschig – im Universum meiner Exfreundin ein vernichtendes Urteil. Annika fand sogar *Saw IV* kitschig, und da werden immerhin Menschen von Metallstangen durchbohrt. Ich ging also in den Blumenladen und bat die Verkäuferin um Hilfe.

»Ein bisschen romantisch sollte es sein, aber nicht zu doll. Eigentlich lieber was Schlichtes. Unauffällig romantisch eben.«

Sie riet mir zu Veilchen. Die seien schlicht, stünden in der Blumensprache aber gleichzeitig für Liebe und Geduld. Auch für Treue und Unschuld übrigens, das passte nicht so gut, dachte ich, doch insgesamt stimmte die Botschaft. Ich brachte sie Annika abends vorbei, wir waren nicht wirklich verabredet, aber ich hatte angekündigt, dass ich kurz klingeln und etwas abgeben wolle. Sie sagte:

»Ziemlich kitschig. Willst du ein Glas Wein?«

Wir saßen auf ihrem Teppich, den kannte ich gut. Drei Flecken darauf hatte ich zu verantworten. Zum Glück war ihr neuer Freund nicht da, er würde an diesem Abend auch nicht mehr kommen.

»Bist du sicher, dass du mit dem länger zusammen sein willst?«

»Solange er mich nicht betrügt«, antwortete sie und lachte. Das war kein entspanntes Lachen, das war Annikas Lustig-sein-sonst-heule-ich-Lachen.

Wir saßen eine ganze Weile nebeneinander, und ich zählte noch einmal alle Argumente auf, die für mich sprachen. Dass ich damals nicht nachgedacht hatte. Dass ich inzwischen aber sehr viel nachgedacht hatte. Dass sie mir alles bedeutete.

»Wer einmal fremdgeht, macht es wieder«, sagte sie.

Dann verriet mir Annika, dass sie seit unserer Trennung keine Kreuzworträtsel mehr löse. Das hatten wir oft zusammen getan, im »Baader Café«.

»Hätte mal wieder Lust auf eins«, sagte sie. Wir nahmen eine abgelaufene Fernsehzeitschrift und fingen an. Dann küssten wir uns, und später schliefen wir aneinandergekuschelt in ihrem Bett ein. Kein Sex. Sie zuckte ganz herrlich.

Am nächsten Morgen wollte Annika nicht mit mir frühstücken. Sie bat mich, zu gehen und es nicht noch einmal so weit kommen zu lassen. »Das war ein Ausrutscher gestern. Und ein Schritt in die falsche Richtung.«

Vierter Versuch. Ein Freund sagt: Die Zeit heilt alle Wunden, und für die Narben gibt es Schminke. Im Prinzip wahrscheinlich ein kluger Satz, die Frage war nur, wie viel Zeit Annika brauchte, ob da ein Menschenleben ausreichte. Ich suchte Rat bei meiner Schwester, erzählte ihr von meinen bisherigen Versuchen und Annikas Reaktionen. Ich wollte wissen, ob ich besser aufgeben sollte. Unter normalen Umständen wäre ich mir schon wie ein Stalker vorgekommen, aber das hier waren keine normalen Umstände, und man musste kein Psychologe sein, um zu erkennen, dass Annika mich noch mochte. Meine Schwester riet mir, es trotzdem sein zu lassen. Ich könne es nicht erzwingen, zumindest solle ich ein oder zwei Jahre abwarten, vielleicht würde sich dann von selbst etwas ergeben.

Das war genau der Rat, den ich gebraucht hatte. Nicht, dass ich ihn befolgen würde, sondern im Gegenteil: Die Vorstellung, die nächsten zwei Jahre ohne Annika zu leben und sie in den Händen von Shrek oder sonst wem zu wissen, trieb mich an. Das musste verhindert werden.

Ich schickte ihr einen Briefumschlag mit vielen kleinen Papierschnipseln drin. Auf jedem stand ein Wort, das ich aus einer Zeitung oder einem Magazin ausgeschnitten hatte. Eine Karte lag auch noch dabei, da stand die Anleitung. Ich bat Annika, sich aus der Fülle an Wörtern einige rauszupicken und so einen Satz zusammenzubasteln, der mir entweder Hoffnung machte oder mir endgültig den Rest gab. Was immer sie wählte, ich würde es akzeptieren, versprach ich. Ich wollte ihn mir von innen an die Haustür kleben und so jedes Mal beim Vorbeigehen daran erinnert werden.

Drei Tage kam keine Antwort, am vierten warf der Postbote einen Brief ein. Es war nur ein Zettel drin mit drei hintereinander aufgeklebten Wörtern: »Du fehlst hier.« Eine Viertelstunde später war ich bei ihr.

Depp 2.0

Mike (29), Politik-Student, Köln
über
Charlotte (30), Zahnarzthelferin, Düsseldorf

Es gibt wenige Erfahrungen im Leben eines Mannes, die so schmerzen und demütigen wie die Zurückweisung durch eine Frau. Haarausfall zählt dazu, ein chirurgischer Eingriff an der Prostata, ganz sicher auch der Moment, wenn einem langsam dämmert, dass man es im Leben doch nicht zum Revolutionsführer oder wenigstens UNO-Generalsekretär bringen wird. Gleich dahinter kommen die Körbe. Der junge Werther hat sich deswegen den Kopf weggepustet. Ich habe ein gewisses Verständnis dafür.

Es fing an, als ich meine Magisterarbeit schrieb. Oder besser: als ich sie eigentlich hätte schreiben sollen. »Strukturreformen in der Europäischen Union.« Mehr möchte ich nicht dazu sagen. Jedenfalls saß ich drei Monate zu Hause in meiner Einzimmerwohnung und versuchte, irgendwie 120 Seiten zu füllen. Da ich leider über Breitband-Internet verfüge, außerdem undiszipliniert und leicht ablenkbar bin, verbrachte ich die ersten zwei Wochen praktisch komplett mit wildem Herumsurfen im Netz. Ich interessierte mich plötzlich für Tratsch über Prominente – es gibt Blogs, die sich ausschließlich damit beschäftigen, welche Karohemden Katie Holmes in Paris gekauft hat. Ich las unwichtige Wikipedia-

Einträge und klickte Youtube-Videos mit tanzenden Katzen an. Um ein Haar hätte ich *World of Warcraft* angefangen.

Bevor ich mich versah, war wieder ein Tag rum und die Arbeit keine Seite länger geworden. Außerdem vereinsamte ich zunehmend. Das geht den meisten so, die ihren Uni-Abschluss machen, zumindest den Singles, die niemanden haben, neben dem sie abends einschlafen und morgens aufwachen können. Manche verbringen dann möglichst viel Zeit in der Bibliothek und verabreden sich zwischendurch mit Kommilitonen zum Kaffee. Ich konnte das nicht, mir war es in Bibliotheken immer zu unruhig, außerdem kann man da nicht ungestört surfen.

Ich sehnte mich also nach menschlichen Kontakten und begann, mich für soziale Netzwerke zu interessieren. Bis dahin hatte ich mich von Facebook, Myspace und StudiVZ ferngehalten; ich dachte, wozu braucht man virtuelle Kontakte, wenn man ein richtiges Leben hat. Jetzt hatte ich ja keins mehr.

Ich entschied mich für Myspace. Da kann man nebenbei noch Musik hören. Vor allem sind dort die cooleren Frauen. Ich weiß nicht, wie viele einsame Seelen sich schon über Myspace gefunden haben, und wie viele davon gerade an ihrer Abschlussarbeit saßen.

Die Gestaltung der eigenen Myspace-Seite ist eine Gratwanderung. Man will ja cool und stylish wirken, gleichzeitig aber auch authentisch. Wenn die Leute dir nicht glauben, dass du bist, was du vorgibst, werden sie dich für einen Fake halten.

Zum Glück braucht man keine Programmierkenntnisse. Man drückt ein paar Knöpfe und schon hat man eine eigene hübsche Seite mit Blümchenmuster oder lila Rauten oder bunten Punkten als Hintergrund. Ich entschied mich für schlichtes Schwarz. Firlefanz ist nichts für mich.

Beim Eintragen meiner Lieblingsbücher, Lieblingsfilme und Lieblingsbands war ich unsicher. Eigentlich ist es Wahnsinn,

Menschen anhand solcher Geschmackskriterien einzuschätzen. Andererseits: Würde ich mit einer Frau ausgehen, die Bryan Adams hört? Wahrscheinlich nicht. Ich gab ein paar Namen und Titel an, auf die sich alle einigen können. Strokes. White Stripes. *Pans Labyrinth*. Meine Vorliebe für *Star Wars* verschwieg ich, Mädchen schreckt Science-Fiction leider ab. Dann noch: »Sternzeichen: Widder. Figurtyp: schlank. Kinder: Irgendwann«. Und natürlich: »Status: Single«. Zwischendurch klingelte das Telefon, mein Vater war dran und wollte wissen, wie ich vorankomme mit der Magisterarbeit. Ich log, ich sei gerade beim Methodenteil angelangt. »Qualitative Datenanalyse ist echt kompliziert, Papa.«

Das Schwierigste war die Auswahl der Fotos. Man selbst kann ja schwer einschätzen, auf welchen Bildern man gut aussieht und welche eher abschrecken, zumindest mir geht das so. Mit 17 ließ ich ein Foto von mir auf eine Tasse drucken, die schenkte ich meiner Freundin. »Sieht aus, als hättest du Glubschaugen«, war ihr einziger Kommentar. Zum Glück findet man auch für dieses Problem eine Lösung im Netz. Sie heißt *hotornot.de*. Dort kann man kostenlos Fotos von sich hochladen, und andere User bewerten, wie sexy sie einen finden. Sie können zwischen einem und zehn Punkten vergeben. Ich stellte ein paar Fotos ein und wartete auf Feedback.

Die Seite zeigt auch die Bestplatzierten der Woche. Auf Platz eins lag »Steve1986«, ein Typ mit freiem Oberkörper, der sich auf dem Sofa räkelte, sein Blick sagte: »Mädels, ich krieg euch alle.« Hinter Steve rangierte »MaxTheMan«, sogar mit Sixpack. Dann folgten reihenweise Gelhaarfrisurenträger, versteh einer die Frauen.

Am nächsten Morgen wusste ich, dass ich mit »Steve1986« und »MaxTheMan« nicht mithalten konnte. Mit sieben von zehn möglichen Durchschnittspunkten lag ich aber immerhin im oberen Mittelfeld. Besonders gut kam ein Foto an, auf dem ich in

Rom mit Spiegelsonnenbrille vorm Kolosseum stehe. Ich lud das Bild auf meine Myspace-Seite.

Von den ersten drei Frauen, die ich anschrieb, antwortete nur eine. Sie hieß Anne und war mir in der Liste der Nutzer, die gerade online sind, sofort aufgefallen: Auf ihrem Profilfoto sah sie aus wie Mariah Carey, die junge natürlich, auch ihre Eckdaten stimmten: 24, schlank und Single. Wir schrieben uns Nachrichten hin und her, sie war Verkäuferin aus Weimar, leider kannte sie keine Kommata, dafür drei Smileys pro Satz. Und leider verlor sie schnell das Interesse an mir, ihre Mails fielen immer knapper aus, und nach einer Woche reagierte sie gar nicht mehr. So beendet man Flirts auf Myspace: Man hält die Füße still und wartet, bis der andere aufgibt.

In den folgenden Tagen, vor allem aber in den Nächten lernte ich weitere Frauen kennen, einige schrieb ich an, bei manchen war es umgekehrt. Ich begriff, wie Kommunikation auf solchen Plattformen funktioniert: Man darf auf keinen Fall aufdringlich wirken und gleich zu Beginn lange Mails schicken, das törnt ab. Stattdessen lohnt es sich, den Frauen kleine Bröckchen hinzuwerfen, nur ein kurzes »Cooles Foto hast du« oder ein »Mir gefallen deine Lieblingsbücher«. Und dann auf Reaktion warten. Frauen sind auch Jäger.

Nach einer Woche Myspace war ich mit meiner Arbeit kaum vorangekommen, dafür hatte ich jetzt meine lange gepflegten Vorurteile über soziale Netzwerke verworfen. Bis auf eines vielleicht: Es treiben sich tatsächlich überdurchschnittlich viele Psychos im Netz herum. Menschen wie »Gunnar_dreamboy«, der mich anschrieb und Blowjobs anbot. Dabei stand in meinem Profil unübersehbar: »Orientierung: heterosexuell«. Gunnar schrieb, er wisse, wie viel Angst manche Männer vor gleichgeschlechtlichem Kontakt hätten, dass er jedoch eine tolle Erfahrung garantieren könne. Ich solle ihn zu Hause besuchen, da hänge in der Mitte des

Raumes ein Bettlaken von der Decke, und auf Hüfthöhe habe er ein kleines Loch in den Stoff geschnitten. Seine Formulierungen wirkten merkwürdig geschliffen. Wahrscheinlich verschickte er die Mail jede Woche an hundert Männer; wenn die Erfolgsquote nur bei zwei Prozent lag, hatte er ein erfülltes Sexualleben.

In meiner dritten Woche auf Myspace schrieb mich Charlotte an. Die Nachricht lautete: »Na du bist ja auch ständig online.« Ihr Foto verriet nicht viel, man sah nur eine gelockte Person von hinten, und das auch nur aus der Ferne. Menschen, die sich auf Myspace von der Rückseite präsentieren, wollen entweder mit einem perfekt geformten Hinterteil protzen oder haben Angst, ihre Vorderseite zu zeigen. In Charlottes Fall tippte ich auf Letzteres. Immerhin kam sie aus Düsseldorf. Ich schrieb zurück, dass ihr Bild leider wenig Aussagekraft habe, noch am selben Tag schickte sie mir ein besseres.

Sie sah aus wie ein Engel. Ein blonder Engel mit Grübchen am Kinn, auf *hotornot.de* hätte das Bild sicher neun Punkte eingefahren. Bald schrieben wir uns täglich, nebenher flirtete ich mit Kirsten und Tanja. Doch während meine anderen Kontakte stets nach kurzer Zeit einschliefen, entstand zwischen Charlotte und mir ein Gefühl der Vertrautheit. Wir ähnelten uns in vielem: Wir legten beide Wert auf Rechtschreibung, liebten Sushi, hassten Hunde. Charlotte kannte sogar alle sechs *Star Wars*-Filme, und wow, die Teile vier und sechs fand sie am besten. Außerdem motivierte sie mich für die Magisterarbeit. Regelmäßig erkundigte sie sich, ob ich weitergekommen sei, und tatsächlich schaffte ich nun eine halbe Seite am Tag.

Unsere Mailfrequenz erhöhte sich auf vier Nachrichten pro Tag, zwei von ihr und zwei von mir. Ich hätte viel öfter schreiben können, aber ich hielt mich an meine Flirt-Strategie: immer erst auf Antwort warten, nie zwei Nachrichten hintereinander schicken. Ich achtete auch darauf, dass meine Nachrichten nicht länger ausfielen als ihre. Sie sollte sich nicht erdrückt fühlen. Ich saß ja den ganzen Tag vorm Computer, sie arbeitete als Zahnarzthelferin.

Eines Abends fragte sie mich, ob wir uns nicht treffen wollten. Nicht in einem Chatroom, sondern draußen in der Realität. In Düsseldorf, da fahre ich sonst nie hin. Ich war schrecklich aufgeregt. Um die leidige Kölsch- versus Alt-Debatte geschickt zu umschiffen, verabredeten wir uns für Samstagabend im »Bei Fatty«, einem Irish Pub in der Altstadt.

Ich saß eine Stunde zu früh in dem Pub, in marineblauem Hemd mit extra offen gelassenen Ärmelknöpfen, was meinem Outfit hoffentlich eine lockere Note verlieh. Gegen die Nervosität trank ich Guinness, gegen Guinness-Atem nahm ich Tic Tac.

Charlotte kam pünktlich auf die Minute, zur Begrüßung drückte sie mir zwei Küsse auf die Wange. Wir setzten uns, sie fragte nach meiner Magisterarbeit, das erleichterte den Einstieg. Trotzdem ist es ein seltsames Gefühl, wenn man zum ersten Mal jemandem gegenübersitzt, den man bisher nur aus dem Internet kannte. Ich vermisste die Distanz, wünschte mir Tastatur und Bildschirm herbei, zu Hause am Rechner muss man niemandem in die Augen gucken.

Erst nach einer halben Stunde wurde ich lockerer. »Du siehst in echt noch besser aus als auf dem Foto«, sagte ich. Sie lächelte, gab das Kompliment aber nicht zurück. Musste ich mir Sorgen machen? Wir verbrachten mehrere Stunden in dem Laden, dann zogen wir weiter in den nahe gelegenen »Blues Corner«. Ich war immer noch aufgeregt, Charlotte wirkte irgendwie souveräner, und als ich sie fragte, ob dies ihr erstes Date mit einer Internetbekanntschaft sei, sagte sie bloß: »Nein, du bist Nummer elf«.

Es fühlt sich nicht gut an, Nummer elf zu sein. Natürlich wollte ich wissen, was aus meinen zehn Vorgängern geworden war, aber ich traute mich nicht zu fragen. Ob sie mit jeder Netzbekanntschaft ins Bett stieg? Charlotte erzählte, wie sie zu Myspace gekommen war: nicht, um sich vor einer Arbeit zu drücken, sondern um ihren Ex zu vergessen. Der hatte ein Jahr zuvor Schluss gemacht, aber Charlotte trauerte immer noch, also fing sie mit dem Online-Flirten an, um auf andere Gedanken zu kommen.

»Jetzt kann ich nicht mehr aufhören. Es hat einfach zu viele Vorteile.« Der einzige Haken sei natürlich, dass auch im Netz das Pflegen und Anbahnen von Kontakten Zeiteinsatz erfordere. In den Staaten seien sie schon weiter, sagte Charlotte.

»Da kannst du einen ›Virtual Dating Assistant‹ engagieren, der flirtet in deinem Namen und mit deinem Bild.« Für 500 Dollar garantiere er zwei Date-Vermittlungen monatlich. Aber Minimum.

Gegen zwei Uhr wurde sie müde, und als ich die Rechnung bestellt hatte, erklärte sie mir ihre Spielregeln.

»Wir machen es folgendermaßen: Wir haben eine Woche lang keinen Kontakt, und jeder von uns denkt nach, wie er den anderen findet. Ob es gefunkt hat und so. Du weißt.«

»Okay«, sagte ich, obwohl es gar nicht okay war. Ich verstand kein Wort. »Soll das ein Test sein?«

»Nein, hör mir zu. Ich mag es einfach nicht, wenn mir einer sagt, dass er kein Interesse an mir hat. Oder wenn er mich anlügt und Ausreden erfindet.«

»Und deshalb dürfen wir uns nicht mehr schreiben?«

»Ganz genau. Wir gehen eine Woche in uns. Und dann treffen wir uns nächsten Samstag wieder. Um 21 Uhr hier im »Blues Corner«. Sind wir beide da, kann es losgehen. Kommt einer nicht, vergessen wir die Sache und setzen uns gegenseitig auf die Spam-Liste.«

Der Plan schien durchdacht. Ich stimmte zu. Zum Abschied küsste sie mich, ich war verunsichert: Wollte sie mich so motivieren, am nächsten Samstag zu erscheinen – oder sollte ihr der Kuss bei der Entscheidungsfindung helfen?

Die Woche war hart, meine Arbeit kam nicht voran. Ich hatte keine Ahnung, wie Charlotte sich entscheiden würde, klar war nur: Ich würde da sein.

Am nächsten Samstag fuhr ich wieder eine Stunde zu früh los, trank wieder ein Bier gegen die Nervosität. Aus dem Bier wurden vier, denn Charlotte kam nicht. Ich baute ein Kartenhaus aus Bierdeckeln und Verzweiflung, ich fühlte mich wie der letzte Depp. Wahrscheinlich würde sie mich in diesem Moment auf die Spam-Liste setzen, falls sie das nicht schon vor Tagen getan hatte. Vielleicht saß sie jetzt aber auch bereits ein paar Ecken weiter in einer anderen Kneipe und testete Nummer zwölf.

Ohne Kino kein Kiss Close

Richard (24), Arbeitsuchender, Berlin
über
Denise (22), Anglistik-Studentin, Berlin

Ich hatte sie fast so weit. Wir lagen bereits auf ihrem Bett, die Bluse hatte Denise alleine ausgezogen, und was die freigab, gefiel mir außerordentlich. Wir hatten uns geküsst, gestreichelt, umschlungen, bestimmt fünf Minuten. Jetzt musste der nächste Schritt kommen: Der BH war fällig. Ich mochte ihn sowieso nicht, er war braun und hatte Blümchenverzierungen. Warum denken Frauen, Dessous mit Spitze seien erotisch? Das sieht nach Omas Tischdecke aus. Mit der rechten Hand griff ich von hinten an den Verschluss, er klemmte ein bisschen, aber ich war auf gutem Weg. Bis Denise plötzlich sagte: »Nee lass mal bitte. Nimm deine Finger weg.«

Ich war nicht wirklich überrascht. Klarer Fall von LMR – »Last Minute Resistance«.

Ich weiß, was in solchen Fällen zu tun ist. Die meisten anderen Männer wissen es nicht.

»Was glaubst du, Denise, worauf ich grad wirklich Lust hätte? Auf ein Glas Orangensaft.«

Ich ließ von ihr ab, setzte mich auf die Bettkante, strahlte sie an. »Hast du so was zufällig im Kühlschrank?«

Wir nennen das »Freeze out«. Ich werde es später erklären.

Ich bin ein Pick-Up-Artist, kurz PUA. Mein Hobby besteht darin, fremde Frauen anzusprechen und mit ihnen zu flirten. Frauen wie Denise. Wenn alles gut geht und ich keine Fehler mache, steht am Ende eines Abends der »Fuck Close«, der würdige Abschluss. Ein »Kiss Close« gilt aber auch als schöner Erfolg.

Wir sind eine Bewegung, Zehntausende inzwischen, und dass wir ständig mehr werden, hat einen ganz simplen Grund: Unsere Technik funktioniert. Wer bestimmte Regeln einhält und Strategien verfolgt, kann als PUA ein Leben führen, von dem er früher nicht zu träumen gewagt hätte.

Zunächst das Basiswissen. PUA kommt aus Amerika. Auch hier in Deutschland benutzt man die englischen Fachbegriffe, man würde schließlich auch nicht »Dunking« oder »Tie-Break« übersetzen. Als PUA verstehe ich das Umwerben einer Frau als »Game«. Wobei wir allerdings nicht Frau sagen, sondern »Target«. Wahlweise auch »Hot Babe«, vor allem in Abgrenzung zu einem »Super Hot Babe«. Denise fiel eher in die Kategorie »Hot Babe«: Anfang zwanzig, kurz geschorenes Haar, nettes Gesicht. Ich hatte sie im »Speicher« an der Oberbaumbrücke ins Visier genommen. Ich spielte also ein »Club Game«, die Alternative dazu wäre das »Street Game«, bei dem man seine »Targets« auf offener Straße anspricht. Das ist etwas schwieriger.

Als ich vor zwei Jahren das erste Mal von dieser ominösen Pick-Up-Bewegung hörte, hielt ich die Sache für Abzocke und Angeberei. Ich dachte, da ziehen Geschäftsleute verklemmten Verlierertypen das Geld aus der Tasche. Stimmt aber nicht. Natürlich gibt es Workshops, bei denen man locker zweihundert oder auch fünfhundert Euro für ein Wochenende Intensivtraining bezahlen muss, aber tatsächlich ist die PUA-Szene sehr viel größer und lebendiger organisiert. PUAs vernetzen sich in Foren und Blogs, geben sich gegenseitig kostenlos Tipps. Wen es interessiert, soll mal nach »Butterfly« und »Monkey-Boy« googeln. Das sind zwei Gamer aus Oberfranken, die im Netz ein Blog und dazu ein Video-blog betreiben. Sie gehören meiner Meinung nach zum Besten, was die deutsche PUA-Szene zu bieten hat. Frauen, die heimlich mitlesen wollen, seien aber gewarnt: Man kann leicht ein falsches Bild von uns bekommen und denken, wir seien Sexisten.

Das liegt vielleicht auch ein bisschen am Vokabular. Wenn ein »Target« zum Beispiel auf erste Anmachversuche einsilbig oder sonstwie abweisend reagiert, heißt es bei uns: Die Frau versteckt sich hinter einem »bitch shield«.

Männliches Verliebtsein dagegen gilt als Krankheit und wird »One-itis« genannt, denn wer sich zu sehr auf die Eine fixiert, verkrampft automatisch und verhält sich ungeschickt, was die Chancen bei der Frau erheblich verschlechtert. Die beste Medizin gegen »One-itis« heißt FTOW – »Fuck Ten Other Women«. Das ist natürlich nicht wörtlich zu nehmen, es geht primär um die geistige Haltung.

Entscheidend beim Anmachen ist der »Opener«. Der richtige Gesprächseinstieg. Er sollte kreativ, spaßig, überraschend oder entwaffend sein – vor allem aber zwingend. Vorgefertigte An-machsprüche aus Männermagazinen kann man vergessen. Die kommen immer peinlich, und die einzigen Frauen, die sich even-tuell damit aufgabeln lassen, möchte man letztlich auch gar nicht haben.

Pick-Up-Artists sind keine trinklustigen Proleten. Wir verste-hen uns – wie der Name sagt – als Künstler. Natürlich läuft auch bei Künstlern manchmal etwas schief, auch PUAs müssen Körbe einstecken, und zwar nicht zu knapp. Was uns aber vom Rest der Männerwelt unterscheidet: Wir schämen uns nicht für Nieder-lagen, wir akzeptieren sie. Und berichten uns gegenseitig unsere Abfuhrgeschichten, damit wir gemeinsam analysieren können, was im Einzelfall schiefgelaufen ist – und wie man sich künftig in einem ähnlichen Fall geschickter anstellen kann. Solche Berichte nennen wir »Field Reports«. Dies hier ist meiner.

Nachdem ich mein »Target« im »Speicher« anvisiert hatte, musste ich mir einen passenden »Opener« überlegen. Das ist im Prinzip wie beim Schach: Natürlich kommt es auch ein bisschen auf den Gegner an, aber im Wesentlichen entscheidest du selbst, ob du lieber die spanische Eröffnung wählst oder die russische oder einen Königsgambit. Bist du zum Beispiel ein »High-Energy-Monster« wie mein Freund Tobi, kannst du locker auf dein »Target« zugehen und einen »direkten Opener« bringen wie zum Beispiel: »Mir gefällt dein Gesicht. Ich will dich kennenlernen.«

Ich bevorzuge »indirekte Opinion-Opener«, dabei geht es darum, »Hot Babes« zunächst in Sachgespräche zu verwickeln. Das fällt besonders leicht, wenn du einen »Wingman« zur Seite hast. Dann kannst du etwa sagen:

»Entschuldigung, mein Kumpel und ich streiten uns gerade und brauchen dringend eine dritte Meinung. Wer lügt mehr: Männer oder Frauen?«

Sie wird antworten und es irgendwie begründen wollen, und du vertrittst dann einfach die entgegengesetzte Meinung, schon zappelt sie im Netz. Die »Wer lügt mehr«-Frage gilt in der Szene als der Klassiker schlechthin, damit wurden schon abertausende Games gewonnen. Auch ich habe mit dieser Technik zwei »Kiss Closes« klargemacht. Inzwischen ist aber die Gefahr zu groß, dass ein »Target« den Spruch bereits von einem anderen »Gamer« gehört hat, also vermeide ich ihn lieber.

Mein Freund Tobi fungierte an diesem Abend als »Wingman«. Ich entschied mich für einen anderen populären »Opener«. Ich ging mit Tobi in meinem Rücken auf die Kurzhaarige zu und sagte: »Entschuldigung, wir streiten uns gerade und brauchen kurz eine weibliche Meinung. Ist Khaki eigentlich eine Farbe oder ein Stoff?«

»Eine Farbe würde ich sagen.«

»Aber man sagt doch auch Khaki-Stoff«, wandte ich ein, wie ich es immer tue. Zack. Schon hatten wir ein Thema.

Ich lächelte, so viel ich konnte. »Body Language« ist extrem wichtig. Ich hielt auch immer Augenkontakt zu Denise und achtete auf meine Haltung: Weil ich rückwärts an einer Säule lehnte, wirkte ich viel lockerer als Denise. Keinesfalls darf der Oberkörper in Richtung des »Targets« vorgebeugt sein, das scheint aufdringlich und bedrohlich. Und das Bier immer auf Hüfthöhe, nie vor der Brust halten.

Tobi gab einen ausgezeichneten »Wingman«. Er blieb im Hintergrund, überließ mir das Reden, lachte aber konsequent über meine Witze. Er half mir beim DHV – »Demonstrate High Value«.

Ich sagte zu Denise: »Wie lustig, deine Nasenspitze bewegt sich beim Sprechen. Damit könntest du bei einer Talentshow auftreten.«

Denise lachte.

Wir nennen das »Teasing« oder auch »Negs«. Das sind Neckereien, kleine Beleidigungen, die dir helfen, ihre Gleichgültigkeit dir gegenüber abzubauen. Gut funktionieren auch Scherze über Lachfalten oder Brillen oder Strähnchen im Haar – aber immer positiv verpacken und nichts wirklich Verletzendes. Bemerkungen über Augenringe oder Doppelkinne sind immer kontraproduktiv. Und ganz wichtig: Pro Anmache nur zwei »Negs«, alles andere wäre »over-negging«. Außer du bist an einem »Super Hot Babe« dran und sie wirkt überheblich und eingebildet, dann sind auch drei erlaubt. Bei Denise beließ ich es bei zweien.

Wir setzten uns in eine Ecke, und ich machte »Kino«. Das ist bei uns die Umschreibung für: eine Frau berühren. Scheinbar flüchtig, aber bestimmt. »Kino« machen ist essenziell. Wer sich hier Mühe gibt, erreicht viel bessere Ergebnisse. Man sollte an unverfänglichen Stellen beginnen, zuerst streichelte ich Denise'

Unterarm – aber in der Nähe des Ellenbogens, nicht auf Handhöhe. Später berührte ich sie auch am Schulterblatt, und weil sie so schönes kurzes Haar hatte, wuschelte ich drüber. An ihre Hand traute ich mich erst beim dritten Bier, und sie ließ es sich gefallen.

Ausnahmen gibt es natürlich immer, aber im Prinzip gilt: Ohne »Kino« kein »Kiss Close«.

Bis hierhin hatte ich alles richtig gemacht. Sie lachte über meine Witze, ich hörte ihr echt gut zu. Dann verabschiedete ich mich auf Toilette, und als ich wiederkam, setzte ich mich nicht gleich zu ihr, sondern blieb einige Meter entfernt stehen und schrieb mir selbst eine SMS. »Takeaway« heißt diese Taktik, so erhöhe ich ihr Interesse und signalisiere, dass sie um mich kämpfen muss. Ich bin der Preis! Und ich habe »Willingness to walk away«.

Denise war zweifelsohne an mir interessiert. Ich fühlte, wie sie mich beim SMS-Schreiben beobachtete. Gegen drei entließ ich meinen »Wingman«. Ich hatte für ihn keine Verwendung mehr, außerdem wollte Tobi noch schnell ein eigenes »Game« starten. Wurde immerhin ein »Kiss Close«, glaube ich.

Meine Pläne waren ehrgeiziger. Ich schaffte es, Denise einzureden, dass wir beide sowieso den selben Heimweg hätten und ich sie deshalb gerne im Taxi mitnehmen könne. So landeten wir auf ihrem Zimmer, und ich durfte den hässlichen braunen BH mit den Blümchenverzierungen nicht öffnen. Die »Last Minute Resistance«.

Es gibt verschiedene Theorien darüber, wieso Frauen in letzter Sekunde einen Rückzieher machen, obwohl sie einen doch schon auf ihr Zimmer mitgenommen haben und offensichtlich zu Sex bereit waren. Die plausibelste Begründung ist wohl, dass es sich um einen archaischen Verteidigungsmechanismus handelt. Und auch der lässt sich knacken, sofern man bestimmte Regeln befolgt.

Ganz wichtig: Nein bedeutet nein. Wer jetzt anfängt, mit einer Frau zu diskutieren, sie gar zu Sex überreden zu wollen, macht es nur schlimmer. Stattdessen muss man die Situation sofort beenden und zu etwas möglichst Unerotischem übergehen. Ihr von einem bevorstehenden Urlaub erzählen, ihre CD-Sammlung bewundern oder eben um ein Glas Orangensaft bitten.

Denise holte gleich die ganze Flasche, ich bedankte mich und befragte sie ausführlich zu ihrem Unialltag. Dabei fing ich an, ordentlich »Kino« zu machen, und bald küssten wir uns wieder. Diesmal sagte ich:

»Magst du nicht den BH ausziehen?«

Sie machte es.

Ich fürchte, ich war dann wohl etwas übermütig. Hatte mich so sehr über den erfolgreichen »Freeze out« gefreut, dass ich hastig weitermachte und ihr gleich noch den Slip wegnehmen wollte. Sie sagte: »Stopp jetzt.«

Zwei »Last Minute Resistances« an einem Abend, das war selbst für mich zu viel.

Tobi hätte es vielleicht gepackt.

Aber nicht schlimm. Ich war nicht verbittert, schließlich ist es ein »Game«. Und wer spielt, muss auch verlieren können.

Polnische Hochzeit

Malte (27), System-Administrator, Hamburg
über
Carolin (26), Krankenschwester, Hamburg

Ich weiß genau, was Frauen wollen. Meistens wollen sie in Ruhe gelassen werden, jedenfalls von mir. Ich bin sicher keiner, der Mitleid heischen will oder absichtlich auf die Tränendrüse drückt, aber einen Preis für die höchste Abschleppquote werde ich in diesem Leben vermutlich nicht mehr gewinnen. Und ich hasse diesen Satz, er besteht nur aus fünf Wörtern, jedes für sich geht in Ordnung, aber zusammen sind sie die Hölle. Der Satz lautet: »Du bist nicht mein Typ.« Manchmal ist noch ein bedauerndes »leider« dabei, aber darauf kann ich verzichten, fürs Protokoll: Das Wort »leider« ist in diesem Kontext fehl am Platz, das sollte man sich aufheben für Sätze wie »Leider gibt es immer noch Krieg auf der Welt« oder »Leider werden manche Kinder zum Arbeiten gezwungen«.

Du bist nicht mein Typ. Nichts weiter als eine gerissene Umschreibung für: Such dir besser eine Frau mit weniger Geschmack. An meinem Äußeren liegt es übrigens nicht, denke ich, ich bin groß und kräftig gebaut und habe mehr Bizeps als andere Leute Oberschenkel. Eine gute Freundin hat gesagt, ich sähe ein bisschen aus wie Wayne Carpendale, etwas anfangen wollte sie allerdings nicht mit mir.

Das Traurige ist, dass die Typsein/Nichttypsein-Verteilung in aller Regel so verdammt ungleich ist. Mein bester Freund Alexander ist ständig der Typ von irgendwem, und ich bin dann höchstens der Verbindungsmann, den Frauen ansprechen, weil sie Alexanders Telefonnummer wollen, oder weil ich ganz unauffällig bei ihm vorfühlen soll, wie er sie denn finde. Ob sie vielleicht sein Typ sein könnte.

Alexander und ich kennen uns seit der Grundschule, wir kommen aus Karlsruhe, seit der dritten Klasse sind wir befreundet. In der fünften Klasse hat man uns gemeinsam beim Klauen im Supermarkt erwischt, das schweißt zusammen. Seitdem sind wir beste Freunde. Sicher, das ist eine Art Naturgesetz: Bei einem Duo ist meistens einer etwas erfolgreicher als der andere, da braucht man sich nur die Geschichte der Popmusik anzugucken, zum Beispiel Wham: Der eine, George Michael, wurde Weltstar, vom anderen haben die meisten Fans längst den Namen vergessen. Und wer weiß noch, wie der Partner von Pete Doherty bei den Libertines hieß? Oder der von Morrissey bei den Smiths? Ich weiß es: Sie hießen Andrew Ridgeley, Carl Barât und Johnny Marr; Thomas Anders von Modern Talking wäre auch noch zu nennen. Das sind meine Leute, willkommen im Klub der Zweitplatzierten.

Ich will mich nicht beschweren, bis zu einem gewissen Grad kann ich gut damit leben, dass Alexander von uns beiden der Checker, der Womanizer, der Abräumer ist, und so viele Kuchen er im Laufe der Jahre auch verputzt hat, ein paar Krümel fielen dabei auch für mich ab. Sie hießen Denise, Melanie, Nadja, Sophie, wobei ich die nicht wirklich als Eroberungen verbuchen konnte, im Grunde hatten sie mich ausgesucht.

Bei Carolin sollte das anders sein. Ich lernte sie auf einer Party in Hamburg kennen, Alexander und ich waren zum Studium hierhergezogen, er wollte Bodenkundler werden, ich Informatiker. Das sind beides keine Fächer, wo haufenweise hübsche Frauen mit Haarspangen neben einem im Seminarraum sitzen, die Verwendung von Kajalstiften gilt in Informatikerinnen-Kreisen als geradezu exotisch, so gesehen kann man sich prima auf den Wissenserwerb konzentrieren. Zum Glück hatten wir uns bald einen Freundeskreis aufgebaut, der hauptsächlich aus Geisteswissenschaftlern bestand, und da sieht die Sache naturgemäß anders aus.

So landeten wir an einem Freitagabend auf dieser WG-Party in Hamburg-Eimsbüttel. Die Wohnung war riesig, sieben Parteien lebten hier zusammen, angeblich weitestgehend friedlich. Die Gastgeber hatten lange weiße Kerzen in leere Weinflaschen gesteckt und diese überall in den Zimmern auf den Parkettböden verteilt; bei dem Gedränge, das herrschte, kam mir diese Deko-idee gefährlich bis fahrlässig vor.

In der Küche war noch weniger Platz als normalerweise auf Partys. Sie hatten mitten im Raum einen Tapeziertisch aufgebaut mit nichts als Schnittchen drauf. Es gab Schinkenschnittchen, Lyonerschnittchen, Tomatenschnittchen, allein fünf verschiedene Sorten Käseschnittchen, dazu Schnittchen mit Silberzwiebeln und welche mit Ei oder Gewürzgurken. Keine Ahnung, ob ich schon wieder einen Trend verpasst hatte oder ob die Gastgeber hofften, durch ihre eigenwillige Buffetgestaltung selbst eine Art Schnittchen-Renaissance einzuleiten, auf mich wirkte es jedenfalls verstörend, ich hielt mich lieber an die Bowle.

Carolin auch. Sie trug einen karierten Rock über der Bluejeans, dazu eine weite Bluse, für mich sah das alles sehr schick und siebzigerjahremäßig aus, aber eine kulturgeschichtlich korrekte Einordnung von Kleidungsstücken darf man von Informatikstudenten nicht erwarten. Viel nachhaltiger beeindruckten mich sowieso die auffällig großen Augen und vor allem ihre leichten

Segelohren. Carolin war sehr zierlich, sie sah ein bisschen aus wie Winona Ryder mit abstehenden Ohren. Das ist kein Fetisch von mir, aber: Segelohren sind grundsätzlich sexy, sie sind genau der kleine, wohl dosierte Makel, der Frauen einen Hauch von Verletzlichkeit verleiht, ohne den Gesamteindruck zu stören.

Ich hatte Carolin bereits vor Wochen auf einer anderen Party getroffen, damals jedoch nicht angesprochen. Heute reichte mein Mut immerhin für ein: »Weißt du, wo es hier Gläser gibt?«

Sie wusste es, und kurz darauf saßen wir mit randvoll gefüllten Bowlegläsern im Nebenzimmer auf der Couch, vor einer instabilen Weinflaschen-Kerze, die jeden Moment umzufallen drohte. Carolin studierte nicht, sie hatte soeben eine Ausbildung zur Krankenschwester abgeschlossen und zu arbeiten begonnen, weshalb sie mir gleich einen Vortrag hielt über hygienische Mängel in Krankenhäusern im Allgemeinen und über anzügliche Witze ihres Vorgesetzten im Besonderen. Wir hatten offensichtlich nicht viel gemeinsam. Ich hätte ihr von Problemlösungen bei geclusterten Algorithmen berichten können, aber dies schien nicht förderlich im Sinne einer angeregten Konversation.

Irgendwann fanden wir doch noch ein lohnendes Gesprächsthema: Wir hatten in unserer Jugend dasselbe blöde Partyspiel ausprobiert. Wir kannten es unter verschiedenen Namen, bei ihr in Oldenburg hieß es »Schwedische Hochzeit«, in Karlsruhe sagte man »Polnische Hochzeit«. Doch die Regeln waren identisch, das Spiel ging so: Auf der einen Seite des Raums setzten sich die Mädchen nebeneinander, auf der anderen die Jungs, dann musste jeweils ein Junge aufstehen, rübergehen und sich für eines der Mädchen entscheiden. Vor dem kniete er nieder und fragte: »Willst du mich heiraten?« Folgte ein Ja, durfte er sie auf den Mund küssen, zehn Sekunden lang, auch mit Zunge. Bei Nein durfte er eine leichte Backpfeife geben. Aus heutiger Sicht sind sowohl die Spielregeln als auch die regional unterschiedlichen

Bezeichnungen als politisch hochgradig inkorrekt zu verdammen, aber damals waren wir halbe Kinder und sowieso nur die Produkte unserer Eltern.

Das Regelwerk war so aufgebaut, dass Mädchen die Heiratsgesuche tendenziell eher annahmen, es sei denn, sie fanden den jeweiligen Antragsteller a) persönlich eklig oder b) sozial so unmöglich, dass sie aus Imagegründen keinen Lippenkontakt in der Öffentlichkeit zulassen konnten. Carolin liebte dieses Spiel, ich im Prinzip auch, allerdings verschwieg ich ihr, dass meine Backpfeifenquote über Jahre hinweg auffällig hoch gewesen war, während sich mein Freund Alexander durch die Partykeller von halb Karlsruhe knutschen durfte. Das verschaffte ihm einen zusätzlichen Vorteil: Sein Erfahrungsschatz im Bereich der Kusstechniken wuchs rapide, wohingegen ich meine erworbenen Fertigkeiten im Backpfeifengeben nirgendwo einsetzen konnte. Im normalen Leben schlägt man sich ja nicht.

Carolin wusste noch von anderen grenzwertigen Partyspielen, »Knutschfangen« hieß eins und das andere »Schamhaareziehen«. Beide waren mir vollkommen unbekannt, im beschaulichen Oldenburg waren Achtklässler offensichtlich versauter als ihre Altersgenossen in Karlsruhe. Je länger wir auf unserer Couch saßen, desto klarer wurde mir, dass dies kein gewöhnlicher Party-Smalltalk war. Dass sich dieser Abend längst nur noch um mich und Carolin drehte, und unsere Couch war ein Ufo, eine Insel, von den anderen Gästen bekamen wir praktisch nichts mit. Ob die Gruppe gegenüber wohl schon über uns tuschelte? Es wäre mir sehr recht gewesen. Zwischendurch kam Alexander ins Zimmer, merkte aber schnell, dass er störte, und verschwand wieder, nicht ohne mir vielsagend zuzuzwinkern.

Carolin und ich fanden noch mehr Gemeinsamkeiten, zum Beispiel hatten wir beide unsere ersten erotischen Erfahrungen in den Wohnzimmern unserer Eltern gemacht, beim nächtlichen

Anschauen diverser Sexfilme auf Premiere, natürlich verschlüsselt und mit nervigen Schwarz-Weiß-Balken im Bild. Man konnte nur ahnen, ob dort wirklich eine Brust oder doch bloß ein Kopf zu sehen war, aber aufregend fanden wir es. Carolin meinte, die Flimmer-Balken müssten unbedingt in die heutige Zeit hinübergerettet werden, die Internetplattform Youporn brauche dringend ein neues Feature, einen Verschlüsselungsfilter, um die dort abrufbaren Sexfilmchen bei Bedarf im Premiere-Style zu sehen. »Nur so aus Retrogründen«, sagte sie, ich versprach, nach Abschluss meines Informatikstudiums unverzüglich ein Internet-Startup zu gründen und mit dieser Geschäftsidee ein Vermögen zu generieren. Carolin lächelte und strich sich ihren Pony hinter das linke Segelohr.

Wenn eine Unterhaltung zwischen einer heterosexuellen Frau und einem heterosexuellen Mann zu fortgeschrittener Stunde um derart anzügliche Inhalte kreist, darf man wohl davon ausgehen, dass sich beide Parteien zumindest nicht unsympathisch finden. Mein Freund Alexander analysiert derartige Situationen gerne unter Zuhilfenahme von Fachbegriffen aus der Golfersprache: »Der Ball liegt auf dem Grün, jetzt ist es Zeit, das Sechsereisen gegen den Putter einzutauschen.« Doch Alexander hat gut reden, wer wie ich schon mehrfach abgewiesen wurde, hat begründete Angst vor weiteren Körben.

Das Schlimmste ist ja gar nicht der Moment, in dem sie dir einen Korb gibt. Wenn sie sagt »Das wird nichts mit uns« oder »Kann mir ja keine Gefühle herbeihexen« oder auch »Hast du echt gedacht, ich würde wegen dir mit Benjamin Schluss machen?«. Und natürlich der Klassiker: »Du bist nicht mein Typ.« Nein, das Schlimmste ist der Moment unmittelbar davor, der Augenblick, wenn du allen Mut zusammennimmst, ihr die entscheidenden Worte sagst und gleichzeitig siehst, wie ihr ganz kurz die Gesichtszüge entgleiten. Weil sie da erst begreift, in welcher unangenehmen Situation sie steckt. Vielleicht grübelt sie schon über die richtige Wortwahl, vielleicht hat sie bereits Mitleid mit dir. Das ist der Augenblick, der am meisten schmerzt.

Das Zweitschlimmste ist die Situation nach dem Korb, wenn du nur denkst: Wie komme ich hier wieder weg, wie beende ich das Gespräch mit Anstand und Würde, ohne rüde zu werden und ohne zu flennen? Und wenn man sich wünscht, man könnte die Zeit zurückdrehen und die umworbene Frau, statt anzumachen, lieber auf ein weiteres Bier einladen oder tanzen gehen oder zumindest ganz einfach die Klappe halten. Wenn ich etwas gelernt habe in den letzten Jahren, dann dass Anmachen nur in Situationen zu empfehlen sind, aus denen man anschließend schnell fliehen kann. Also niemals bei einem gemeinsamen Urlaub oder Tagesausflug, sondern am besten in der Kneipe oder auf einer Party, Hauptsache auf neutralem Terrain. Und niemals mit vollem Glas, am Ende muss man das erst austrinken, das könnte dauern.

An diesem Abend waren die Rahmenbedingungen perfekt, mein Fahrrad stand vor der Tür, mein Bowleglas war geleert, ich dachte also: jetzt aber los. Und dann dachte ich: erst noch auf Toilette, kurze Galgenfrist, dann aber wirklich. Als ich zurückkam, dachte ich: vielleicht noch ein Lied abwarten. Im Hintergrund lief gerade *Girl, You'll Be a Woman Soon*, das war mir zu kitschig. Als das Lied rum war, spielten sie Lenny Kravitz, das fand ich nicht weniger unpassend. So ging es noch eine Weile. Mir fehlte einfach der Mut. Bis mir die rettende Idee kam. Ich sagte: »Wollen wir nicht ›Polnische Hochzeit‹ spielen?«

»Du meinst wohl ›Schwedische Hochzeit‹? Okay, lass machen.«

Ich zog mir die Schuhe aus, damit ich besser auf der Couch knien konnte, dann nahm ich ihre Hand, schaute ihr in die großen Augen und fragte: »Willst du mich heiraten?«

Sie prustete ein »Nein« heraus und fing an zu lachen. Sie kriegte sich nicht mehr ein.

Ich weiß bis heute nicht, warum Carolin das gemacht hat, ob es ihr peinlich war, wie ich plötzlich vor ihr kniete, ob sie vielleicht gar nicht über mich, sondern mit mir lachte oder ob sie wirklich so böse war, so niederträchtig.

Ich verzichtete auf die Backpfeife. Obwohl sie mir regeltechnisch zugestanden hätte. Stattdessen rang ich mir ein Grinsen ab, versuchte, das Thema auf die Schnittchenberge in der Küche zu lenken, was ziemlich fadenscheinig wirkte. Nach einer Minute sagte ich, ich müsse jetzt dringend ins Bett. Sie wirkte beim Abschied etwas verstört. Wenn ich Carolin eines zugute halten kann, dann höchstens die Tatsache, dass sie mich nicht nach Alexanders Telefonnummer gefragt hat.

Benutze deine Illusion, Teil 1

Niklas (35), Boulevardreporter, Berlin
über
Melanie (26), Erzieherin, Berlin

Ich musste mich entscheiden: Tatjana Gsell oder Melanie. Die eine jung und begehrenswert, die andere eben Tatjana Gsell. Melanie stand neben mir, hielt zwei Sektgläser und machte mir schöne Augen, während Fräulein Gsell im tief dekolletierten Abendkleid die Freitreppe des Ritz-Carlton heraufstolzierte, Hand in Hand mit Ferfried Prinz von Hohenzollern, ihrem damaligen Lebensgefährten. Kosename: Foffi. Dutzende Kameras waren auf sie gerichtet, das Paar lächelte tapfer gegen das Blitzlichtgewitter an. Tapfer musste auch ich sein, denn die Arbeit ging vor. Ich bat Melanie, auf meinen Sekt aufzupassen, und stürzte mich dann ins Getümmel.

Während der Berlinale finden in Berlin jeden Abend Partys statt, diese hier hieß »Movie Meets Media«, meine Zeitung hatte mich geschickt, um am nächsten Tag ausführlich über den Starrummel zu berichten: Wer trägt das ausgefallenste Outfit, wer amüsiert sich am Buffet, wer kann nicht tanzen. Tatsächlich waren bereits einige Stars erschienen, jedenfalls wenn man Starsein großzügig definiert und auch Soapdarsteller und ehemalige Glücksradbuchstabenumdreherinnen hinzuzählt. Die mir ausgehändigte Promigästeliste erstreckte sich über drei Seiten. Das für die Event-Betreuung zuständige PR-Büro hatte sich offensichtlich einen Scherz erlaubt und dem Duo Foffi/Gsell auf der Liste die Berufsbezeichnung »Adlige« angedeihen lassen.

Für Melanie war es der erste Ausflug in die Glamourwelt. Sie war meine Begleitung an diesem Abend, mein »plus eins«, wie man in der Branche sagt. Als Journalist ist es nicht immer leicht, sich bei großen Events »plus eins« zu akkreditieren. Manchmal muss man beim Veranstalter bitten und betteln, zur Not lügt man halt, die Begleiterin sei Fotografin und für die Berichterstattung unentbehrlich. Dann allerdings braucht es zur Tarnung eine leere Fototasche, die später unauffällig an der Garderobe abgegeben wird. Bei »Movie Meets Media« war das alles nicht nötig.

Ich hatte Melanie nicht zufällig ausgewählt, ich wollte sie beeindrucken. Ihr zeigen, wie schillernd es in der Welt der High Society zugeht – und dass ich der Mann war, der ihr dorthin Zugang verschaffen konnte. Mein Plan würde nur funktionieren, solange Melanie nicht merkte, dass die hier versammelte C- und D-Prominenz nie im Leben der High Society angehörte.

Zum Glück war meine Bekannte nicht übermäßig gebildet. In ihrem begrenzten Kosmos gingen Dieter Bohlen und das Ensemble von *Gute Zeiten, Schlechte Zeiten* als Opinon Leaders durch, und das, was sie selbst als ihr »Bücherregal« bezeichnete, war tatsächlich nicht viel mehr als ein weißes Brett mit Comics und einem Barcelona-Reiseführer drauf. Der Rest stehe bei ihren Eltern, sagte Melanie, aber ich war sicher: Im Zweifel hielt sie *Homo Faber* für eine Schwulenlotterie.

Ich wusste, dass bei »Movie Meets Media« einige Gestalten auftauchen würden, die Melanie etwas bedeuteten: Mariella Ahrens. Gedeon Burkhard. Ulla Kock am Brink. Außerdem war George Clooney in der Stadt. Tagsüber hatte er auf der Berlinale seinen Thriller *Syriana* präsentiert, und von jeder der am Abend parallel angezettelten Glamourpartys war zu hören, dass Clooney vielleicht, ganz vielleicht, auch bei ihnen vorbeischauen würde. Käme der Mann wirklich – und ich so nah an ihn heran, dass es aussähe, als interviewte ich ihn –, würde ich in Melanies Ansehen weit nach oben schießen, das war mal klar.

Meine bisherigen Versuche, Melanie zu beeindrucken, waren allesamt fehlgeschlagen. Wir kannten uns schon eine Weile, ich hatte sie in meinem Astra von Hamburg nach Berlin mitgenommen; überhaupt ist das für mich der einzige Grund, Angebote bei der Mitfahrzentrale zu annoncieren: zu hoffen, dass sich eine schöne Frau meldet. Wir hatten viel Spaß auf der Fahrt, in Berlin setzte ich sie direkt vor der Haustür ab, und später fand ich auf dem Beifahrerfußboden einen Handschuh. Ich vermutete, sie habe ihn absichtlich liegen gelassen, damit ich ihn ihr aschenputtel-like hinterhertrage. Leider stimmte das nicht. Sie hatte wirklich bloß den ollen Handschuh vergessen. Meine Date-Einladung wies sie zurück, immerhin trafen wir uns seitdem gelegentlich im Café.

Melanie sah gut aus, und das wusste sie auch. Sie war ein Flirtmaniac, konnte sich bei Media Markt keinen Mehrfachstecker besorgen, ohne nicht mindestens einen Verkäufer um den Finger zu wickeln. Bei jedem Treffen erzählte sie mir, wie oft sie auf der Straße von Talentscouts renommierter Modelagenturen angesprochen werde. In ihrer Jugend hatte sie halbwegs erfolgreich an lokalen Schönheitswettbewerben teilgenommen; um ein Haar wäre sie fast »Vize-Miss Pennymarkt Eberswalde« geworden, oder so ähnlich.

Natürlich war ich keinen Deut besser. Ich gab mich ihr gegenüber als Starreporter aus. Als Edelfeder der Redaktion. Vor meinen Kollegen hätte ich für die Behauptung fünf Euro in die Schlechte-Witze-Kasse einzahlen müssen.

Rumposen gehört heute dazu. Jeder übertreibt, so gut er kann, und solange sich Nadja Abd el Farrag ernsthaft DJ nennt, bin ich Berlins Baby Schimmerlos.

Tatjana Gsell war an diesem Abend nicht sehr gesprächig. Sie hatte sich bei Foffi eingehakt, und als ich mich endlich zu ihr durchgekämpft hatte, wollte sie keine lange Unterhaltung mit mir. Sie sagte nur das, was die meisten Promis und Halbpromis auf der Berlinale sagen: dass sie vor lauter Arbeit und Party nicht dazu kommen, sich Festivalfilme anzusehen.

Dann suchte ich Melanie. Der Ballsaal hatte sich mit mehreren hundert Gästen gefüllt, die anwesenden Männer sahen aus, als hätten sie sich am Nachmittag per SMS zu einem Flashmob verabredet: heute alle Sakko mit T-Shirt und Bluejeans tragen, und vorher schnell noch die Zähne bleichen. Die Frauen waren weit festlicher gekleidet. Alle bis auf Isabelle Knispel, die junge Berlinerin, die gerade Miss Germany war und stolz ihre Siegerscherpe mit dem Schriftzug »Europa Park Rust« um den Hals trug. Tina Ruland wiederum hatte sich eine lange Stoffbahn um den Oberkörper gewickelt, ein überschüssiger Meter hing vorne am Dekolleté herunter; ich schätze, der Designer hatte Prinzessin Leias Tarnuniform beim Kampf um den Planeten Endor vor Augen gehabt.

Melanie wartete an der Cocktailbar. Sie hatte zwei neue Gläser bestellt, den Inhalt der vorherigen hatte sie offensichtlich ganz alleine vertilgt. Melanie wirkte hibbelig und unsicher, ein bisschen schien es mit ihr wie mit Energie Cottbus in der Bundesliga zu sein. Beide gaben sich wirklich Mühe, aber man merkte doch, dass sie da nicht hingehörten. Für meinen Geschmack hatte sich Melanie einen Tick zu viel Rouge auf die Wangen geschmiert, ein klares Zeichen für hohe Erwartungen an einen Abend, und die Brosche am Kleid wirkte sonderbar altbacken. Beim Fest der Heimatvertriebenen hätte sie damit punkten können, bei »Movie Meets Media« wirkte es irgendwie deplatziert.

»Gefällt's dir denn«, fragte ich und wartete die Antwort erst gar nicht ab. Stattdessen erzählte ich, dass dies hier für mich keine große Sache sei. Dass ich eigentlich ständig in derlei Kreisen verkehre.

Wir blieben eine Weile an der Bar stehen, ich prahlte damit, dass ich neulich einem der Klitschkos die Hand gegeben hatte. Wenn Melanie nur die Hälfte der Märchen glaubte, die ich ihr an diesem Abend auftischte, musste sie sich einfach verlieben.

Mein Handy klingelte. Sandra, eine Kollegin aus der Redaktion, war dran. Sie war heute ein paar Kilometer weiter im Einsatz, bei der »People's Night« im »Borchardt«. Sandra wollte wissen, ob bei mir schon Herr Clooney aufgetaucht sei. »Leider nein, und bei dir?«

»Auch nicht. Dafür habe ich mit dem Bleibtreu gesprochen. Der war echt witzig.«

»Was hat er denn gesagt?«

»Dass er schon aufgeregt ist wegen seiner Premiere morgen.«

Verdammt. Moritz Bleibtreu war eine größere Nummer als die Stimmen, die ich bisher gesammelt hatte. Ich musste nachziehen. Sandra war zwar eine Freundin, aber auch eine Rivalin im Kampf um das beste Standing in meiner Redaktion. Wenn sie morgen originelle Zitate von Moritz Bleibtreu mitbrachte, musste ich auch etwas im Block haben.

»Lass mich nicht wieder in der Gegend rumstehen«, sagte Melanie. Sie wollte unbedingt mitkommen. Zu den Stars. Sie versprach auch, ganz leise zu sein.

Ich scannte den Ballsaal ab. Ein paar Stehtische weiter unterhielt sich Christian Kahrmann, der Benni Beimer aus der *Lindenstraße*. Nicht schlecht, dachte ich. Aber nicht ganz das Kaliber, das mir jetzt helfen konnte. Vorhin hatte ich Robert Stadlober gesehen, im grauen Sakko und mit Hut, wo war der abgeblieben?

»Oh mein Gott«, entfuhr es Melanie. Es war ein schrilles »Oh mein Gott« der Kategorie, der ich mich bedienen würde, wenn mir beim Schlendern durch die Fußgängerzone ohne Vorwarnung Paul McCartney über den Weg liefe. Melanie jedoch hatte bloß Yvonne Catterfeld gesichtet.

»Willst du die nicht interviewen?«, fragte sie. »Och bitte, bitte, bitte.« Wenn es mir bei Melanie Respekt verschaffte, wenn ich dadurch eine echte Chance bei ihr hätte, dann ja, dann wollte ich Yvonne Catterfeld interviewen. Wer sie vergessen hat: Das ist die Schauspielerin Schrägstrich Schnulzensängerin mit langen blonden Haaren, die nicht Jeanette Biedermann heißt. Ihr bis heute größter Charterfolg enthält die schöne Zeile: »Für dich dreh ich so lang an der Erde, bis du wieder bei mir bist!« Da muss man erst mal drauf kommen. Ich trat näher und fragte, ob sie mir ein kurzes Interview gewähre. Sie wollte, und was mich dann doch überraschte: Sie war wirklich, wirklich nett. Sie war die vielleicht netteste Person des Showgeschäfts, die mir in fünf Jahren untergekommen war. Ich fragte, wie sie sich denn fühle, jetzt, da ihre Telenovela *Braut wider Willen* nach nur 65 Folgen eingestellt wurde. Sie sagte, es sei eben ein »mutiges Projekt« gewesen. Das stimmte.

Ich verabschiedete mich von Yvonne und schleifte Melanie so geschickt mit, dass sie nicht nach einem Autogramm fragen konnte. Wir bestellten uns neuen Alkohol, wir spürten ihn beide schon im Kopf.

»Du hast voll den aufregenden Beruf«, sagte sie.

»Ach, Erzieherin ist doch auch nicht schlecht.«

Ich griff nach ihrer Hand, sie ließ es geschehen, und dann küsste ich sie. Eine ganze Weile.

Es kam mir irgendwie falsch vor. Ich wusste, dass sie nicht wirklich mich küsste, sondern den Starreporter, den ich ihr vorgegaukelt hatte. Das ganze Show-Business ist doch verlogen. Am schlimmsten sind die Jungschauspieler mit ihren Charity-Projekten. Nach Afrika fahren und kleine Kinder herzen, und am Ende vielleicht eine Lavalampe dalassen. Deren Manager rufen bei uns in der Redaktion an und fragen, ob wir auch ja berichten. Ich behaupte nicht, dass alle Schauspieler so sind.

Wir Journalisten sind mindestens genauso schlimm. Wir schreiben schlecht gelaunt über Partys, wenn wir uns nicht »plus eins« akkreditieren können. Wir hypen kleine Eisbären, aber dass so ein Biest jedes Jahr siebzig Robbenbabys auffrisst, darüber schreiben wir nicht. Manchmal überlege ich, den Beruf zu wechseln. Doch dann stehe ich wieder in einem Fünf-Sterne-Hotel und küsse ein deutlich jüngeres Mädchen mit zu viel Rouge auf den Wangen und denke, es hätte auch alles schlimmer kommen können.

Sandra rief an. Sie hatte Bernd Eichinger, den Starproduzenten, gesprochen. Und Iris Berben in einem cremefarbenen Cocktailkleid. Sofort kehrte meine Nervosität zurück, ich brauchte weitere Prominenten-Quotes. Am besten einen handfesten Skandal, einen Ausrutscher auf der Tanzfläche oder Schmuddelsex hinterm DJ-Pult. Wo sind die Promiluder? Wo war Tatjana Gsell?

Hastig blätterte ich meine Aufzeichnungen durch. Die hingekritzelten Stichwörter, aus denen ich morgen eine Geschichte basteln musste. »Tine Wittler: peinlicher Hut«, und weiter hinten: »Armin Rohde hat abgenommen«. Nein, damit würde ich nicht vor meinen Chefs bestehen. Ich zog zum dritten Mal los, Melanie wollte im Ballsaal bleiben, in Sichtweite von Yvonne Catterfeld.

Ich streifte umher, befragte Fotografen und Kollegen anderer Magazine, ich sprach sogar einen Kellner an, auf der Suche nach einer guten Geschichte. Es dauerte eine gute halbe Stunde, aber dann hatte ich sie: Heiner Lauterbach war hier gewesen. Und er hat sich geärgert. Seine Rolex war verschwunden, seine achttausend Euro teure Rolex Daytona, hier im Ritz-Carlton, ein Geschenk seiner Frau. Ich ließ mir alle Details erzählen, bis ich meine Geschichte rund hatte. Dann packte ich zufrieden meinen Notizblock weg, der Abend war gerettet, jetzt musste ich nur noch Melanie ins Bett kriegen. Wo war sie überhaupt?

Damn it. Ein Jungschauspieler hatte sie angesprochen. Ein gut aussehender, talentierter Jungschauspieler. Ich stellte mich dazu und fragte, ob sie vielleicht mit mir tanzen wolle. Nein, sagte sie, sie wolle hierbleiben. »Aber du musst doch morgen früh aufstehen, oder?«

Ich werde seinen Namen nicht nennen, denn ich wünsche ihm alles Schlechte. Auf dass seine nächsten drei Filme floppen und er gerade noch Gastauftritte bei *Alarm für Cobra 11* an Land zieht.

Im Taxi nach Hause malte ich mir aus, wie er sich jetzt wohl anhören musste, dass Melanie einmal fast Schönheitskönigin in Eberswalde geworden wäre.

Der Spion, der dich liebte

Magnus (25), Fahrradkurier, Hamburg
über
Regine (23), Medizinstudentin, Braunschweig

Normalerweise gucke ich nicht in fremde Fenster. Ich bin ja kein Spanner. An diesem Abend ging es nicht anders: Die Wohnung gegenüber war hell erleuchtet, und eine Frau mit auffällig langen Haaren schleppte unermüdlich Umzugskartons von einem Zimmer ins andere. Sie war wohl gerade eingezogen, die Gardinen steckten wahrscheinlich noch in einem der Kartons. Pech für sie, Glück für mich.

Es war einer dieser Abende, an denen ich ernsthaft überlegte, aus Langeweile Jörg Pilawa einzuschalten. Nun hatte ich etwas Besseres gefunden. Ich stellte mir einen Stuhl ans Fenster und verfolgte das Lustspiel auf der anderen Straßenseite. Es gefiel mir, der zierlichen Frau beim Abmühen zuzusehen. Sie musste jeden Karton drei Mal absetzen.

Meine Wohnung liegt im vierten Stock, direkt unterm Dach, ihre genauso. Uns trennten nur eine zweispurige Straße und die Bürgersteige, das waren höchstens 15 Meter Luftlinie. Durch mein Fernglas erkannte ich, dass die Frau von gegenüber ungefähr in meinem Alter sein musste. Sie hatte gelocktes Haar und ein offensichtliches Faible für Armreifen. Auf jeder Seite baumelten sie, vermutlich aus Holz. Vielleicht reiste sie gern und hatte sich in einem schwachen Moment von einem kambodschanischen Straßenkind beschwatzen lassen. Oder sie verbrachte zu viel Zeit in Dritte-Welt-Läden. Räucherstäbchenhalter und Traumfänger würde sie sicher auch noch auspacken. Immerhin trug sie keinen Wollpulli, sondern ein hautenges Shirt. 75B, würde ich sagen. Trotz Fernglas konnte ich nicht erkennen, wer auf dem Bild zu sehen war, das sie gleich als erstes aus einem Karton ausgepackt und an die ansonsten noch kahle Wand gehängt hatte. Ich hoffte, es waren nur ihre Eltern oder ihr Hund vielleicht. Mein Unterhaltungsprogramm endete abrupt. Sie zog ihre Jacke an und knipste das Licht aus. Dann sah ich sie unten auf der Straße in Richtung U-Bahn verschwinden.

Als ich am nächsten Abend von der Arbeit nach Hause kam, hatte sie bereits einige Kisten ausgepackt. Zwei ihrer Zimmer hatten Fenster zur Straße raus. Das linke wollte sie offenbar als Arbeitszimmer einrichten, im rechten stand ihr Bett. Beim Zusammenschrauben von Kommoden und Anbringen von Regalen stellte sie sich nicht gerade geschickt an. So hielt man aber auch keinen Schraubenzieher. Zwischendurch trödelte sie arg, manchmal stellte sie sich vor den Spiegel und zog Grimassen. Ob das die typische Mädchen-Art war, sich eine neue Wohnung einzurichten?

Ich sage nicht, dass ich ihr bei allem ununterbrochen zuschaute. Das wäre ja verrückt.

Es war mehr wie »Tour de France« gucken. Es lief so nebenbei, und ich sah gelegentlich nach, wie weit sie vorangekommen war. Gardinen hatte sie keine, dafür knipste sie abends vor dem Ausziehen das Licht aus. Und sie schlief immer alleine.

So gut mir meine Beobachterrolle auch gefiel: Ein Flirt würde sich daraus sicher nicht ergeben. Wollte ich dieser Frau näher kommen, musste ich sie auf mich aufmerksam machen.

Meine Wohnung hat breite Fenstersimse. In den nächsten Tagen saß ich dort häufiger und las Zeitung. Ab und zu lugte ich vorsichtig rüber, ob sie vielleicht auch gerade am Fenster stand. Ich glaube, ich war vorher und nachher nie wieder so gut über das politische Weltgeschehen informiert wie in diesen Tagen. Barack Obama gewann reihenweise Vorwahlen gegen Hillary Clinton, Georgien stand kurz vor einem Krieg gegen Russland. Am liebsten las ich aber die Blutseite.

Eigentlich weiß ich gar nicht, wie das geht: eine Frau erobern. Die Liebe ist ein Spiel, das immer die anderen gewinnen, ich bin meistens nur Zuschauer. Wenn, dann ist es die Frau, die mich erobert. Eine Zeitlang war es mein Hobby, pfiffige Anmachsprüche zu sammeln, von denen ich aber nie auch nur einen einzigen auszuprobieren wagte. Ich habe sie alle aufgehoben. Die besten zehn:

1. *Deine Klamotten würden sich gut auf meinem Teppich machen.*
2. *Glaubst du an die Liebe auf den ersten Blick oder soll ich noch mal vorbeikommen?*
3. *Entschuldige, ich will dich nicht dumm anmachen, aber ich hätte nichts dagegen, wenn du es tust.*
4. *Ich bin so schlecht im Bett, das musst du erlebt haben.*
5. *Sind deine Eltern Architekten? Du bist so verdammt gut gebaut.*
6. *Darf ich dich bitten oder tanzen wir erst noch?*
7. *Hier hast du fünfzig Cent, ruf deine Mama an und sag, dass du heute Nacht nicht nach Hause kommst.*
8. *Hast du gewusst, dass Polen und Indianer die besten Liebhaber sind? Mein Name ist übrigens Winnetou Koslowski.*
9. *Ist es so heiß hier drin oder bist du das bloß?*
10. *Schöne Schuhe, willst du ficken?*

Ich kann mir solche Sprüche gut merken. Nur raushauen kann ich sie nicht.

Eines Tages hatten wir Blickkontakt. Sie an ihrem Fenster, ich an meinem, ich ließ die Zeitung sinken und winkte ihr. Als Antwort hob sie zwar nicht direkt die Hand, aber immerhin nickte sie. Das lief viel unkomplizierter, als ich es mir vorgestellt hatte.

In den Folgetagen konnte ich nicht an meinen Anfangserfolg anknüpfen. Es regnete, da hätte es reichlich komisch ausgesehen, hätte ich mich trotzdem bei offenem Fenster auf das Sims gesetzt. Meine Nachbarin hing viel vor ihrem Laptop, der Bildschirm schimmerte hellblau in dem ansonsten dunklen Raum. Wie gemütlich das aussah.

Immerhin wusste ich bald, wie sie hieß: »R. Wagner«. So stand es unten auf ihrem Türschild. Wie sie wohl mit Vornamen hieß: Rosanna? Renate? Ronja?

Unsere nächsten Blickkontakte folgten bald, sie lernte auch, zurückzuwinken. Manchmal hätte ich ihr gerne etwas zugerufen, aber dafür standen die Häuser dann doch zu weit entfernt voneinander, und brüllen wollte ich nicht. Mit der Zeit stellte sich eine bemerkenswerte Vertrautheit ein. Die Frau von gegenüber spielte eine Rolle in meinem Leben, und ich schätze, irgendeine Rolle werde ich auch für sie gespielt haben.

Es gab so vieles, was ich sie fragen wollte. Wer sie eigentlich war und wohin sie ging, wenn sie morgens das Haus verließ. Ob sie sich wohlfühlte in ihrer neuen Wohnung.

Und ob sie noch nie in Erwägung gezogen hatte, die grelle Glühbirne im Schlafzimmer gegen eine mit wärmerem Licht einzutauschen.

Außerdem drängte sich in mir eine Frage auf, die ich mir eigentlich selbst stellen musste. Ob das, was hier lief, eigentlich noch normal war. Ob ich nicht Hilfe brauchte. Ich verbrachte wirklich viel Zeit an diesem Fenster.

Dann kam der Tag, der unsere Beziehung auf eine neue Ebene katapultierte. Ich traf sie in der Drogerie um die Ecke. Ich schwöre, ich bin ihr nicht gefolgt, unsere Begegnung war reiner Zufall. Oder Schicksal, wer weiß. Jedenfalls stand ich am Regal mit den Shampoos, sie kam mir mit einem Achterpack Klopapier unter dem Arm entgegen. Es war ihr irgendwie peinlich.

»Hi, nun sehen wir uns endlich mal am Boden«, sagte ich. »Ist voll ungewohnt.«

»Ja, und dich mal ohne Zeitung zu sehen, ist auch was Neues.«

Ich lud sie direkt zum Kaffee ein, nicht zu mir nach Hause natürlich, sondern ins Café nebenan. Sie hieß Regine. Sie war Medizinstudentin und gerade aus Braunschweig hergezogen, so richtig kannte sie noch niemanden in der Stadt. Wir fanden es beide schade, dass man sich über die Straße hinweg nicht unterhalten konnte.

»Das erschwert eine gute Nachbarschaft«, sagte ich.

Sie schlug vor, wir könnten einen Seilzug zwischen unseren Wohnungen spannen, um uns gegenseitig kleine Zettel zuzuschicken. Fürs Erste tauschten wir Telefonnummern aus.

Von nun an grüßten wir uns praktisch jeden Tag am Fenster. Mal kürzer, mal länger. Es war ein Flirt ohne Worte.

Aber Worte, die nicht ausgesprochen werden, sind trotzdem da. Sie sammeln sich an und warten auf einen günstigen Augenblick.

Regine rief mich an. Sie sagte, sie habe mich gerade am Fenster gesehen, und da ihr recht langweilig sei, könnten wir uns vielleicht unterhalten. Falls ich auch nichts zu tun hätte.

Wir haben uns lange unterhalten, und ich fürchte, dabei sind mir ein paar Dinge rausgerutscht. Ich weiß nicht, was genau ihr missfallen hat. Ob es meine Feststellung war, dass sie selten Besuch empfange. Oder meine Frage, wen denn das Bild an der Wand zeige. Oder mein Lob, sie könne so wunderbare Grimassen vor dem Spiegel ziehen. Jedenfalls sagte sie, ich mache ihr Angst. Und kurz darauf hingen die Jalousien.

In meinen Träumen sind wir uns einig

Lars (27), Werbetexter, Berlin
über
Svenja (26), Germanistik-Studentin, Bamberg

Als sich unsere Blicke endlich kreuzten, war das kein Wunder, denn ich hatte Svenja ununterbrochen angestarrt. Für einen kurzen Moment schauten wir uns direkt in die Augen. Sie lächelte und ich zurück.

Ich lebte damals noch in Bamberg, sie war die Mitbewohnerin einer Freundin, ich hatte viel Gutes über sie gehört, persönlich getroffen hatte ich sie allerdings nie. Erst an dem Abend im »Stilbruch«. Wir hockten in größerer Runde zusammen, ich saß leider viel zu weit von Svenja entfernt, um mich mit ihr zu unterhalten. Immerhin hatte sie mir zur Begrüßung die Hand gegeben, ich ärgerte mich ein bisschen, dass ich nicht fester zugedrückt hatte. Ich neige leider zu zarten Berührungen, manche Frauen finden das schwul. Svenja steckte in den Fängen ihres Nebenmanns, eines pausbäckigen Typen mit Ziegenbart, den ich ebenfalls noch nie gesehen hatte. Ich ahnte, Svenja war mit ihrer Platzwahl genauso unzufrieden wie ich. Es dauerte noch eine Weile, bis sie endlich Anstalten machte, die Toilette aufzusuchen.

Als sie herauskam, lief sie mich im Gang fast über den Haufen. Welch ein Zufall. Ich verwickelte sie in ein Gespräch, und schnell waren wir einig, dass sie nicht zu dem Ziegenbartträger zurückkehren, sondern mit mir auf den Barhockern am Tresen Platz nehmen würde.

Wir sprachen übers Wandern. Eigentlich meide ich die Natur, wo ich kann, aber Svenja schien Wandern ein echtes Bedürfnis zu sein. Also spielte ich für einen Abend den Trekkingfan, der bei Wanderungen herrlich durchatmen und den Geist baumeln lassen kann. Wir schwärmten von Routen durch den Steigerwald, durch den Michaelsberger Wald, durch die fränkische Toskana, alles Wandergebiete in der Umgebung Bambergs. Das muss man sich mal vorstellen: Da nennt sich eine Region »fränkische Toskana«, und wer hinfährt, landet in Litzendorf, Memmelsdorf oder Strullendorf. Svenja gefiel es dort, also behauptete ich, eine Wanderung nach Strullendorf stünde seit Langem weit oben auf meiner To-do-Liste.

Leider würde ich in nächster Zeit nicht dazu kommen, erklärte ich, schließlich blieben mir nur zwölf Tage in Bamberg. Danach würde ich für einige Wochen nach Berlin gehen, ich hatte mir einen Praktikumsplatz bei einer recht bekannten Werbeagentur geangelt. Das entsprach ausnahmsweise der Wahrheit. Und imponierte Svenja. Zum Abschied gab sie mir ihre Telefonnummer, ich musste nicht einmal fragen.

Ab da gestaltete es sich schwierig. Weil meine Abreise näherrückte, wollte ich keine Zeit verschwenden und brach ausnahmsweise die 72-Stunden-Regel. So lange muss man eigentlich warten, bevor man sich wieder meldet. Sonst läuft man Gefahr, als aufdringlich zu gelten und instinktive Abwehrreaktionen hervorzurufen. Diesmal waren mir selbst 24 Stunden zu lang. Schon am nächsten Nachmittag schrieb ich Svenja eine SMS. Ich mag Kurzmitteilungen, aber vor allem hasse ich Telefonate. Die sind für Menschen ohne Angst vor Blackouts oder peinlichen Pausen. Für 160 Zeichen hat man dagegen alle Zeit der Welt, da kann nichts schiefgehen. Ich schrieb Svenja, ob sie Lust auf ein baldiges Wiedersehen habe, und schlug gleich den übernächsten Abend vor. Sie antwortete, dass sie bereits verabredet sei. Auch meinen zweiten Terminvorschlag lehnte sie ab, und so sahen wir uns schließlich erst am Vorabend meiner Abreise.

»Kommst du vom Bau?«, fragte sie schnippisch zur Begrüßung. Das ist das Problem an Holzfällerhemden, beim einen sehen sie schön grungig aus und beim anderen nach *Hör mal, wer da hämmert*. Unser Date bestand aus einem kurzen Kneipenbesuch und einem wirklich ausgedehnten nächtlichen Spaziergang durch die Stadt. Über Bamberg kann man viel Schlechtes sagen, das meiste davon würde ich sofort unterschreiben, aber eines steht fest: Die Altstadt bei Nacht ist das perfekte Setting für turtelnde Pärchen. Der Dom, die Neue Residenz, die Alte Hofhaltung. Vor dieser Szenerie finden die Lippen zweier Menschen schneller zusammen als in der verrückten Raupe auf der Kirmes oder in einem Autokino.

Es war so windig, dass ihre Haare ständig an ihrem Lipgloss klebten. Leider wirkte Svenja zwar freundlich, aber auch reserviert, daher hielt ich mich mit Annäherungsversuchen zurück. Man kann den ersten Kuss auch gar nicht wichtig genug nehmen. Mehr als die Hälfte aller Frauen entscheidet sich bekanntlich erst in diesem Moment, ob eine Beziehung in Frage kommt oder nicht. Hab ich gelesen.

Als wir bereits wieder bei unseren angeschlossenen Fahrrädern angekommen waren und es klar war, dass dieser Abend ohne ausschweifende Orgien vorübergehen würde, sagte sie zu mir: »Wenn ich dir noch einen Tipp geben darf: Du solltest eine neue Bekanntschaft nicht gleich mit Nachrichten bombardieren. Das macht dich nicht gerade interessant, wenn du weißt, was ich meine.«

Mir schwirrten zahllose Gegenargumente durch den Kopf, von Bombardieren konnte wohl keine Rede sein, außerdem stand ich massiv unter Zeitdruck. Und wie konnte sie dermaßen dreist sein, mich überhaupt darauf anzusprechen? Ich entschied mich für ein reuiges »Hab's verstanden«.

Bevor wir auseinandergingen, umarmte sie mich und wünschte mir eine gute Zeit in Berlin. Und dann hauchte sie noch: »Ich will dich aber trotzdem wiedersehen.«

Zu Hause begann ich zu packen. Ich stand vor meinem Kleiderschrank und überlegte, wie viele Klamotten ich wohl mitnehmen sollte. Wie viele überhaupt in meinen Koffer passten. Ob ich noch schnell eine Waschmaschine anwerfen sollte. Hauptsächlich beschäftigte mich jedoch folgende Frage: Hatte mir Svenja gerade einen Korb gegeben oder bloß einen gutgemeinten Ratschlag? Je gründlicher ich darüber nachdachte, desto fester wollte ich daran glauben, dass dieses Rennen noch nicht gelaufen war. Ich musste jedoch meine Strategie neu ausrichten. Ab jetzt würde ich mich nicht mehr bei ihr melden, oder nur noch ganz selten, ich würde sie stalingradmäßig aushungern.

Schon nach einer Woche bekam ich den Lohn in Form einer Nachricht auf meinem Handy:

»Geht's dir gut bei den Preußen?«

An diesem Abend zwang ich mich, Svenja nicht sofort zu antworten. Erst am nächsten Vormittag schrieb ich ihr ein kurzes »Berlin ist toll« zurück. Das würde ihr signalisieren, dass ich beschäftigt war, keine Zeit hatte für lange Antworten. Weil ich jetzt nämlich ein aufregendes Leben in der Metropole führte und die kleine Svenja aus Bamberg leicht vergessen konnte, wenn ich nur wollte.

Die Masche zeigte Wirkung. Sie schrieb. Ich wartete. Und antwortete kurz. Sie zappelte an meinem Haken. Bald fingen wir an, miteinander zu telefonieren. Ich prahlte in schillernden Farben von meinem Großstadtleben, schmückte durchzechte Nächte in

Fabrikhallenclubs aus, von denen ich in Wahrheit nicht mal die genaue Adresse kannte. Sie berichtete mir, was in meiner Abwesenheit in Bamberg geschah, so ziemlich gar nichts natürlich. Einmal dauerte unser Gespräch zwei Stunden, so etwas hatte ich nie mit einer Frau getan. Ich sagte, ich könne mir vorstellen, länger in Berlin zu leben. Sie sagte, sie auch, aber nur für ein paar Jahre.

»Kinder großziehen würde ich dort nicht.«

Jetzt sprachen wir also schon über Nachwuchs. In meinen Träumen waren wir uns sowieso längst einig, auch wenn sie da manchmal verdächtig nach Scarlett Johansson aussah. Das Telefonat mit Überlänge beendete ich mit einem Satz, den sie kaum missverstehen konnte:

»Ich würde dich gerne in den Arm nehmen und drücken.«

Sie sagte, ich könne mir das ja einfach vorstellen.

Was mich im Nachhinein besonders ärgert: Ich hätte während meiner Zeit in Berlin drei Mal Sex haben können. Drei Frauen, die definitiv an mir interessiert waren, und das passiert mir nicht oft. Ich habe sie alle verschmäht, weil ich Svenja treu bleiben wollte. Ich weiß, das war nicht rational gedacht.

Nach zehn Wochen ging mein Praktikum zu Ende, und mich ereilte ein Geschenk, das eigentlich gegen alle Gesetzmäßigkeiten der Generation Praktikum verstieß. Mein Chef bot mir einen festen Job in der Agentur an. Auf Lohnsteuerkarte.

Ich sagte zu und überlegte, was Svenja wohl zu der guten Nachricht sagen würde, ob sie mit mir gemeinsam nach Berlin ziehen oder erst mal eine Fernbeziehung vorschlagen würde. Der ICE von Bamberg nach Berlin brauchte schließlich nicht mal vier Stunden. Dass wir zu diesem Zeitpunkt überhaupt nicht zusammen waren, erschien mir als Lappalie.

Ich saß im Zug zurück nach Bamberg, als mich wieder eine Nachricht von Svenja erreichte. Sie schrieb: »Hoffe, du hast eine gute Fahrt.«

Ich las: »Hoffe, wir liegen uns bald in den Armen.«

Den Rest der Reise hatte ich dieses sonderbare Hochgefühl, das man nur hat, wenn man verliebt ist. Und extrem optimistisch dazu. Das Gefühl, man könnte alles erreichen, man könnte mit einem Fingerschnipp die Kinderarmut abschaffen oder im Alleingang Israelis und Palästinenser versöhnen. So muss sich Neo am Ende von *Matrix* gefühlt haben.

Keine Ahnung, ob das ein Zeichen war, aber zum ersten Mal fiel mir der Name eines Bahnhofs auf, an dem wir auf der Fahrt von Berlin nach Bamberg hielten: Jena Paradies. Zwei Worte, die in meinem Kopf eigentlich nicht zusammenpassen, aber heute war ich glücklich und wähnte mich am Beginn eines goldenen Zeitalters.

Svenja holte mich nicht vom Bahnhof ab. Wir hatten das auch nicht vereinbart, doch irgendwie hatte ich damit gerechnet. Am zweiten Abend gingen wir aus, und es war die Hölle, denn sie hatte ungefragt einen anderen Mann mitgebracht. Oliver hieß er. Zwei Köpfe größer als ich, mit viel Wachs im zerstrubbelten Haar und einem Gesicht, das aggressiv machte. Mich zumindest.

»Seid ihr zwei zusammen oder so?«, platzte es aus mir heraus. Beide verneinten sofort, und es war die Art von Blitzdementi, die einen aufhorchen lässt.

Ich wollte Svenja so vieles erzählen. Von meinem Job, von Berlin, von unserer gemeinsamen Zukunft. Stattdessen packte Oliver ständig neue Bamberg-Anekdoten aus, und Svenja stieg darauf ein. Irgendjemand hatte mit irgendjemandem Schluss gemacht, zwar sei das irgendwie vorhersehbar gewesen, aber doch nicht so ganz. Ich hatte keine Lust, mein Hirn mit einer Kleinstadt-Soap zu belasten. Beim zweiten Bier wurde ich ungemütlich:

»Kann ich dich mal eben sprechen, Svenja?«

Sie guckte irritiert.

»Ich meine: draußen?«

Wir gingen vor die Tür, ich glaube, Oliver rollte mit den Augen, aber das störte mich nicht.

»Ich will jetzt hören, was Sache ist.«

»Ihr Männer seid unglaublich«, sagte sie. »Warum wollt ihr immer alles ausgesprochen haben?«

Sie fragte mich, ob ich denn nicht zwischen den Zeilen lesen könne. Ob bei unserem Telefonat damals die Botschaft nicht angekommen sei, sie habe sich doch extra zwei Stunden Zeit genommen. Und ob es überhaupt ein klareres Signal geben könne, als einen anderen Mann zum Wiedersehenstreffen mitzubringen. Svenja redete sich richtig in Rage.

An diesem Abend gönnte ich mir eine Taxifahrt nach Hause. Ich versuchte, dem Erlebten einen Sinn zu geben. Im Grunde hatte Svenja es mir einfacher gemacht. Jetzt konnte ich mit klarem Kopf nach Berlin ziehen, zurück in mein spannendes Metropolenleben. Wer braucht schon Bamberg, und wer eine Bambergerin.

Sollte sie doch alleine nach Strullendorf wandern, dachte ich. Hätte ich nur nicht so geweint.

Benutze deine Illusion, Teil 2

Sören (24), Zimmermann, Bremen
über
Isabel (21), Auszubildende, Bremen

Mein Vater hat es mir erklärt. Das mit der Liebe. Der Mann ist kein Psychologe oder Verhaltensforscher, aber er hat Lebenserfahrung. Zwei Hochzeiten, zwei Scheidungen und Seitensprünge aller beteiligten Parteien qualifizieren ihn zu einem ernstzunehmenden Ratgeber in Beziehungsfragen.

Seine wichtigste These: Paare sind unglücklich, weil die Partner Unmögliches voneinander verlangen. Nämlich zwei Extreme gleichzeitig zu verkörpern. Männer wünschen sich Jungfrau und Hure in einer Person. Ich kann das aus eigener Erfahrung bestätigen. Grundsätzlich würde ich eine unerfahrene Frau immer bevorzugen, aber wenn sie dann neben dir liegt und das Licht unbedingt aus sein soll und sie sich so passiv verhält, dass du schon überlegst, ob du ihren Puls fühlen sollst, dann macht es auch keinen Spaß.

Frauen sind genauso unlogisch, sagt mein Vater. Sie wollen einen dominanten Player, der ihnen zuhört und Rücksicht nimmt. Den gibt es natürlich auch nicht, man ist entweder das eine oder das andere. Aber, und das ist die gute Nachricht: Für eine gewisse Zeit kann man so tun als ob.

Bei Isabel habe ich mir wirklich Mühe gegeben. Zu unserem ersten Date hatte ich Hesses *Steppenwolf* in die Außentasche meines Wintermantels gesteckt, gerade so weit, dass der Titel oben rausguckte. Natürlich hatte ich keine Seite gelesen; ich mag Kai Hesse, der ist Torjäger bei Lautern.

Isabel war die Exfreundin von Benjamin, mit dem ich jedes zweite Wochenende in der Ostkurve des Weserstadions verbringe. Die beiden waren nur anderthalb Monate lang ein Paar gewesen, dann machte sie Schluss. Auf meine erste Mail nach der Trennung antwortete sie recht distanziert.

Ich so: »Wie schade um euch. Sag Bescheid, wenn du reden willst.«

Und sie so: »Danke für das Angebot, vielleicht komme ich darauf zurück.«

Kam sie aber nicht.

Als ich Benjamin nach einem Trennungsgrund fragte, wollte er vom Thema ablenken. Dann behauptete er, sie sei ihm geistig unterlegen gewesen und damit wahrscheinlich nicht klargekommen. Das glaubte ich ihm nicht. Das würde niemand glauben, der Benjamin kennt. Manche Männer verwenden eine Menge Energie darauf, ihre Exfreundinnen nachträglich schlechtzureden, besonders, wenn sie verlassen wurden. Als ich nachhakte und wissen wollte, was möglicherweise noch zu ihrer Trennung geführt haben könnte, erzählte er mir von einem anderen Mann, der Isabel seit Jahren im Kopf herumspuke, von dem sie nicht loskomme und mit dem sie jeden neuen Freund geradezu zwanghaft vergleichen müsse.

Benjamin hat diesen Vergleich offenbar nicht bestanden. Das sprach aber nicht unbedingt gegen ihn, meiner Erfahrung nach halten sich Frauen gerne an idealisierten Zerrbildern verflossener Liebhaber fest. Diese Gespenster sind dann aufgeladen mit ausschließlich positiven Erinnerungen an den entsprechenden Mann. Dass er vielleicht gut küssen konnte oder ihr Blumen gebracht hat oder eines Morgens mal Brötchen ans Bett. Alle negativen Momente werden verdrängt, das ist wie mit langweiligen Sommerurlauben. Im Nachhinein denkt man nur an die Highlights. Durchschnittstypen verwandeln sich so nachträglich in clooney-hafte Übermänner, schlaksige Taugenichtse in California Dreamboys. Was Isabel brauchte, war also ein Geisterjäger. Keine leichte Aufgabe für mich.

Es ist ja nicht so, dass Männer umso gieriger auf eine Frau werden, je geringer die Chancen sind – dass der Jagdtrieb also proportional zur Größe der Herausforderung wächst. Nein, Männer sind in der Regel nicht selbstzerstörerisch veranlagt. Ich versuchte mein Glück auch nicht wegen, sondern trotz der schwierigen Ausgangslage.

Ich wusste, dass Isabel einmal die Woche tanzen ging. Richtig in einer Tanzschule, die lag in der Nähe der Wallanlagen. Ich beschloss, sie nach einem ihrer Abende abzufangen. Ich wusste, dass sie in der Neustadt wohnte und deshalb mit ziemlicher Sicherheit über die Wilhelm-Kaisen-Brücke musste, um mit ihrem Fahrrad auf die andere Seite der Weser zu gelangen. Dort postierte ich mich. Es war ein kalter Abend im November, der Wind blies heftig. Mein Vater sagt, ein weiteres Grundproblem zwischen Mann und Frau bestehe darin, dass sie ihm tendenziell unterstelle, sich zu wenig Mühe zu geben. Und dass dies nur daran liege, dass sie einfach nicht mitbekomme, wie unglaublich viele Gedanken er sich tatsächlich mache, welche Pläne er schmiede und Dialoge vorwegdenke und welche Leiden er in Kauf zu nehmen bereit sei. Ich fror ganz schön.

Ich erkannte sie schon von Weitem und winkte ihr so unübersehbar entgegen, dass sie gar nicht anders konnte, als anzuhalten. Nach einer Viertelstunde hatte ich ihre Telefonnummer. Es war sogar die richtige, das wusste ich, denn ich hatte sie mir bereits vor Tagen von einer gemeinsamen Freundin besorgt, für alle Fälle.

Drei Tage nach unserem Treffen rief ich an. Sie schien durchaus aufgeschlossen. Aber ein Treffen? »Nee, lass mal lieber.«

Ich ließ nicht locker. Frauen wollen schließlich erobert werden, das hat selbst Michelle Hunziker neulich in der *Gala* gesagt. Und dann noch: »Männer geben viel zu schnell auf. Wenn die sehen, dass du nicht sofort zu haben bist, lassen sie es sein. Das ist das Traurige.«

Ich rief Isabel noch zwei weitere Male an, dann gab sie nach.

Unser erstes Date, das mit *Steppenwolf* in der Manteltasche, verlief überraschend gut. Wir entdeckten eine gemeinsame Leidenschaft fürs Theater, beziehungsweise: Sie ging gerne ins Theater, ich tat so. Um einer Frau zu gefallen, verraten Männer ständig ihre eigenen Interessen. Verbiegen sich manchmal bis zur Unkenntlichkeit. In der Gegenwart von Frauen interessieren sich Männer für Aquarell-Kunst, kaufen Obdachlosenzeitungen, halten Robert Pattinson für einen guten Schauspieler. Manche lassen sich in Pferdemusicals schleifen. Für Frauen fangen Männer an, Zahnseide zu benutzen.

Am nächsten Wochenende gingen wir wieder aus, und auch für das darauffolgende verabredeten wir uns. Nun stand ich unter Zugzwang. Drei Dates sind die magische Grenze. Wird am dritten Abend nicht wenigstens gefummelt, droht Freundschaft. Und ganz ehrlich: Freunde habe ich genug.

Am frühen Abend waren wir im Theater, im Neuen Schauspielhaus lief Molières *Menschenfeind*. Isabel hatte das Stück ausgesucht, ich hatte nur den Untertitel im Programmheft gelesen: *Eine Komödie in fünf Akten*. Eine Komödie war das nicht gerade. Der Handlung auf der Bühne folgte ich nur streckenweise, den Rest der Zeit wog ich ab, ob und an welcher Stelle des Stücks ich nach Isabels Hand greifen sollte. Ich ließ es bleiben. Anschließend wollten wir noch in ein kleines Café ein paar Straßen weiter. Es war fürchterlich kalt draußen, inzwischen war bereits Dezember, und beim Spaziergang durch die Dunkelheit hakte sich Isabel bei mir unter. Ein Flirtsignal.

Im Café stimmte ich jeder These zu, die sie über Molière und das gerade gesehene Stück sowie über Theater im Allgemeinen in den Raum warf. Dann lenkte ich das Gespräch auf ein Thema, das wir bei unseren zwei vorherigen Treffen ausgeklammert hatten: das Verhältnis zu ihrem Exfreund, an dem sie laut Benjamin noch wahnsinnig hing.

»Was ich dir jetzt sage, darfst du auf keinen Fall Benjamin weitererzählen, okay?«

Isabels ominöser Ex existierte gar nicht. Sie hatte sich die Geschichte nur ausgedacht, um Benjamin einen vernünftigen Schlussmachgrund zu nennen. Gemeiner Zug, aber auch clever.

»Eins verstehe ich trotzdem nicht: Wenn es also nichts mit deinem Ex zu tun hatte, warum hast du dann Schluss gemacht?«

»Ich glaube, Benjamin war richtig verliebt.«

»Und du brauchtest nur Sex, oder wie?«

»So ungefähr.«

Ich nippte an meinem Kaffee. Zwei Dinge standen für mich in diesem Augenblick fest. Erstens würde ich Benjamin gleich am nächsten Tag die ganze Wahrheit erzählen. Und zweitens würde ich heute Nacht alles daran setzen, Isabel ins Bett zu kriegen. Davon würde ich Benjamin ebenfalls berichten.

»Bis eben dachte ich, du hättest schlimmen Liebeskummer und müsstest davon geheilt werden«, fing ich an. »Dabei bist du einfach bloß raffiniert.«

»Danke, das ehrt mich. Ändert das etwas zwischen uns beiden?«

Sie sah mich forschend an. In einem Porno wäre jetzt der Moment gekommen, in dem Schluss wäre mit Reden. Aber das wahre Leben ist anders. Ein paar Minuten würde es sicher noch dauern. Ob wir zu mir gingen oder zu ihr? Oder gleich hier auf die Toilette?

»Ich finde dich ziemlich anziehend«, sagte ich.

Sie kicherte. »Ja, das habe ich vermutet.«

»Und wie steht es mit dir? Wie findest du mich?«

»Das frage ich mich auch schon die ganze Zeit. Eigentlich seit dem Moment, an dem du mir auf der Brücke aufgelauert hast.«

»Wie bitte?«

Ich wusste, dass Leugnen nichts half.

»Es könnte eine tolle Nacht werden heute.«

»Könnte. Aber vielleicht auch nicht. Ich bin so unentschlossen.«

Ihr Bauchgefühl sei »fifty-fifty«, und ob ich nicht irgendetwas anstellen könne, das ihr die Entscheidung womöglich erleichtere. Ich dachte: Was soll das? Benjamin hatte sie doch auch keinem Test unterzogen. Dem hatte sie gleich sechs Wochen gegeben, und fünf davon durfte er in ihrem Bett schlafen, so viel wusste ich.

Doch mich setzte Isabel unter Druck. Und mir fiel nichts ein. Kein guter Spruch, kein Trick, kein Argument.

»Es heißt doch, du bist hier der Chefaufreißer ...«

Langsam nervte sie. Ich kannte viele Frauen mit dieser »Ich habe Brüste, ich darf das«-Attitüde, aber keine hatte mich je so aggressiv auflaufen lassen. Ich hatte mich wegen ihr ins Theater gesetzt. Ich hatte drei Abende verplempert. Und jetzt stellte sie sich quer.

»Kommt noch was von deiner Seite?«

Sie lächelte überlegen, ich saß da wie versteinert. Das Urteil würde ihr nicht schwerfallen.

»Weißt du, Sören, ich würde eigentlich sehr gerne mit dir schlafen. Aber ich habe einen Exfreund, von dem komme ich einfach nicht los.«

Der Teufel sagt Nada

Martin (29), Kaufmann, Leipzig
über
Nerea (23), Thekenkraft, Saragossa

Wir waren Konkurrenten, und eigentlich flirte ich nicht mit der Konkurrenz. In diesem Fall war es anders, ich konnte mir ziemlich sicher sein, dass Nerea das Zimmer nicht bekommen würde. Die Arme konnte nicht mal versprechen, bis Monatsanfang sechshundert Euro Kaution aufzubringen.

Nein, von dieser Bewerberin ging keine Gefahr aus. Dann schon eher von Mario, aber der schien mir arg wortkarg, außerdem schwitzte er, so jemanden will keiner dauerhaft in seiner Wohnung haben. Wir saßen in der Küche um einen Holztisch, dazu die beiden Hauptmieter, Dörte und Frederick. Auf ihr Inserat hin hatten sich so viele Interessenten gemeldet, dass sie den kompletten Sonntagnachmittag in Viertelstundenschichten unterteilt und dann zeitversetzt alle Bewerber einzeln eingeladen hatten. So bekam jeder die Chance, sich kurz vorzustellen, einen Blick in das freie Zimmer zu werfen und die eigenen Vorzüge als potenzieller Mitbewohner anzupreisen.

Meine waren offensichtlich: Ich war ich. Wortgewandt, charmant, gepflegt und recht ansehnlich. Ein rundes Gesamtpaket. Nereas Vorzüge lagen ebenfalls auf der Hand, sie war Spanierin, niedlicher Akzent, die Haare hennarot wie der blutgetränkte Boden einer Stierkampfarena, die Augen schwarz wie die Seele von Hannibal Lecter.

Eigentlich war meine Castingzeit bereits abgelaufen, aber ich machte es wie Mario, einfach sitzen bleiben und den bestmöglichen Eindruck hinterlassen. Es lohnte sich, um dieses Zimmer zu kämpfen: 23 Quadratmeter Altbau mit Kassettenstuck und Echtholzparkett für 220 Euro warm. Die Wohnung lag in der Südvorstadt, direkt an der Karl-Liebknecht-Straße mit ihren Kneipen und Kulturzentren. »Keine Zweck-WG, keine Haustiere, keine Raucher«, stand in der Online-Annonce. Dieses Zimmer musste ich haben.

»Wie waren denn die anderen Bewerber bisher?«, wollte ich wissen.

»Geht so«, sagte Dörte. Einer habe mit Saxophon einziehen wollen, ein anderer nur für sechs Monate, ein dritter war zugedröhnt. Deswegen liebe ich WG-Castings: Es kommen immer Freaks vorbei, und damit meine ich nicht Halbfreaks wie den schwitzenden Mario, sondern richtige Superfreaks, denen man sofort ansieht, dass sie auf keinen Fall einziehen dürfen, weil man sie sonst früher oder später stranguliert im Wandschrank auffindet. Oder Esotypen, die an die Macht von Steinen glauben und nur gefiltertes Brunnenwasser trinken. Menschen, die in Särgen schlafen, ganzkörpertätowierte Käfigkämpfer, FDP-Wähler.

»Da könnt ihr froh sein, dass jetzt drei so nette Kandidaten hier sitzen, ne?«

Alle lachten, nur Nerea hielt sich zurück. Angeblich hatte sie zu Hause in Saragossa fünf Jahre Deutsch in der Schule gelernt, und ihre Grammatik war in Ordnung. Trotzdem konnte sie unseren Gesprächen schwer folgen.

»Was heißt denn Nerea eigentlich?«, wollte ich von ihr wissen.

»Die Frau, die vom Himmel kommt.«

Ich erzählte, dass Martin aus dem Lateinischen stamme und »dem Gott Mars geweiht« bedeute. Dass meine Eltern mich aber nach Martin Luther King benannt hätten, weil sie im Herzen Hippies seien, ansonsten jedoch ganz in Ordnung. Nerea hörte aufmerksam zu und lächelte, entweder fand sie mich sympathisch oder sie war äußerst höflich. Es fällt mir sowieso schwer, die Signale einer Frau zu deuten, meine Exfreundin vermutet, ich leide womöglich am Asperger-Syndrom.

In diesem Fall war es doppelt kompliziert. Hier kam noch der kulturelle Unterschied hinzu. Wer weiß, nach welchen Regeln Spanier flirten, meine wenigen Kultur- und Landeskenntnisse verdankte ich einem Pauschalurlaub auf Teneriffa, einem *Was ist Was*-Buch über Christoph Kolumbus und einer alten Fairy-Ultra-Werbung über die regionalen Unterschiede bei der Säuberung von Paellapfannen.

Als Nerea sich verabschiedete, überlegte ich kurz, ob ich ihr hinterherlaufen und unten auf der Straße nach ihrer Telefonnummer fragen sollte. Doch warum der Stress? Auf der Kommode im Flur lag ein Zettel mit den Nummern aller Bewerber, auch Nerea hatte ihre hinterlassen. Ich blieb bei Dörte und Frederick und ließ meinen Charme spielen. Ich erwähnte wohl auch, dass ich Spanier in Wohngemeinschaften grundsätzlich schwierig fände, weil die viel fettiges Essen zubereiteten und im Bad wenig Wert auf Reinlichkeit legten. Hätte ich so gehört. Als Mario fort war, fragte ich Dörte, ob sie die Schweißflecken unter seinen Achseln bemerkt habe.

Auf meinem Heimweg war ich mir sicher: Das Zimmer würde Nerea nicht bekommen, dafür hatte sie beste Chancen, meine Freundin zu werden. An mir sollte es jedenfalls nicht scheitern.

Abends googelte ich sie. Nerea hatte 154 Bilder von sich auf Facebook eingestellt, das sprach für ein großes Ego. Die meisten hatte sie offensichtlich selbst aufgenommen.

Ich wartete zwei Tage und rief dann an.

»Hier ist Martin. Der Martin von der Wohnungsbesichtigung, weißt du noch?«

Sie klang überrascht, aber nicht erschrocken.

»Martin Luther King, richtig?« Sie bat mich, es am Abend noch einmal zu versuchen, sie sei gerade auf Arbeit. Vielleicht so um acht.

Ihre Stimme hatte sehr herzlich geklungen, ich spürte, das hier konnte gut ausgehen.

Ich rief nicht um Punkt acht an, sondern um zehn nach, man muss Frauen ein bisschen zappeln lassen, sonst verlieren sie das Interesse. Zuerst sprachen wir über die Wohnung, ich fragte Nerea, ob sie schon eine Zusage bekommen habe, ich meinte natürlich Absage.

»Nein. Vielleicht müssen sie sich noch mit dem Kopfkissen beraten.«

Sie sagte, das sei ein spanisches Sprichwort. Ich kannte auch eins, das hatte mir ein Hotelangestellter auf Teneriffa beigebracht: Eine Frau ist wie eine Gitarre, man muss sie erst stimmen. Ich behielt es vorläufig für mich.

Weil mir sonst kein Gesprächsthema einfiel, sagte ich ihr, wie schön ich ihren Vornamen fände. Sie erklärte, dass der ursprünglich gar nicht spanisch, sondern baskisch sei. Ich versicherte ihr meine Solidarität mit den Autonomiebestrebungen des Baskenlandes, aber Nerea sagte, sie habe mit Politik nichts am Hut, und Saragossa liege auch ganz woanders. Es sei doch bloß ein Vorname.

Ich fragte, wo eigentlich Villarriba und Villabajo lägen, sie antwortete, die gebe es gar nicht, übersetzt heiße das einfach Oberstadt und Unterstadt. Ich fragte, ob es sie störe, dass ich ihre Telefonnummer von der Liste abgeschrieben habe. Nein, das störe sie nicht, sie möge meine Stimme und ich solle doch noch etwas von mir erzählen.

So verlief das Gespräch über weite Strecken. Ich gab mir irre Mühe und brachte immer neue, interessante Themen auf, sie antwortete kurz, aber immerhin grammatikalisch korrekt. Ich erzählte ihr von meinem Urlaub auf den Kanaren und meiner Vorliebe für spanisches Essen. Salchichón-Salami. Turrón. Churros con Chocolate. Nerea sagte, dass sie davon leider nichts essen dürfe, sie ernähre sich kalorienbewusst, schließlich müsse sie auf ihr Gewicht achten. Wahrscheinlich hätte ich einfach antworten sollen, was jeder andere Mann an dieser Stelle reflexartig geantwortet hätte, egal ob es der Wahrheit entsprach oder nicht: dass sie Kalorienzählen doch gar nicht nötig habe, dass sie im Gegenteil herrlich schlank sei, aber nicht zu schlank natürlich, sondern genau richtig schlank, und dass man sich doch mal zum Tapasessen verabreden könne, am besten schon morgen. Dies alles sagte ich nicht. Stattdessen wollte ich originell sein, etwas Geistreiches und Witziges von mir geben, sie überraschen und unterhalten.

»Wusstest du, dass eine Portion menschliches Sperma nur fünf Kalorien hat?«

Jemand lachte laut auf, und es war nicht Nerea.

»Ist da einer bei dir?«

»Nur eine Freundin. Aber erzähl ruhig weiter. Also fünf Kalorien, ja?«

Ab hier lief unsere Unterhaltung noch zäher. Wenn man weiß oder zumindest in Betracht ziehen muss, dass jedes gesagte Wort am anderen Ende der Leitung mit einem Augenrollen quittiert wird und wahrscheinlich lediglich dem Amüsement zweier feixender Männerhasserinnen dient, dann hemmt einen das. Als mir gar nichts mehr einfiel, sagte ich: »Was meinst du, kann ich dich mal auf ein Bier einladen?«

Kurze Pause.

»Nein, ich glaube lieber nicht.«

Ich dachte: Was stellt die sich jetzt an.

»Aber auf einen Kaffee vielleicht?«

»Nein danke, lieber nicht.«

Im Hintergrund kicherte die andere. Ein letzter Versuch:

»Wollen wir dann so mal was unternehmen?«

»Kein Interesse. Verstehst du?«

Ich verstand. Zum Abschied wünschte ich ihr viel Glück bei der Wohnungssuche, mein »bis bald« kam eher reflexhaft.

Ich vermute, es lag an Nereas Sprachproblemen, dass sich mein Charme nicht ganz entfalten konnte.

Das Zimmer habe ich jedenfalls bekommen.

Der Klassenkampf

Kai (26), Marktforscher, Hannover
über
Julika (27), Visagistin, Lehrte

Ich find's nicht okay, wenn Frauen ehrlich sind. Mich stört das. Ich möchte Lügen aufgetischt bekommen, raffinierte Ausreden, wie Männer sie sich ständig einfallen lassen, zum Beispiel ein geheucheltes »noch nicht reif für eine neue Beziehung« oder »muss erst lernen, mit mir selbst klarzukommen« oder gerne auch den Evergreen »Bindungsangst«. Ich will nicht behaupten, dass alle diese Begründungen immer frei erfunden sind. Nur in neunzig Prozent der Fälle.

Ob dahinter nun das Bemühen steckt, die Gefühle des Gegenübers nicht zu verletzen, oder doch die Angst vor dem Austragen eines offenen Konflikts, darüber lässt sich streiten. Fest steht, dass Frauen beim Austeilen von Körben keine Hemmungen haben. Sie kränken mit Sätzen wie »Ich fühle nichts für dich«. Oder noch viel Schlimmerem.

Es war im »Acanto«, das ist eine Bar in der Dragonerstraße, mit Kreuzgewölbe, messingumrahmten Wandspiegeln und ziemlich vielen Diskokugeln an einer Decke aus Sandstein, für meinen Geschmack alles ein bisschen zu schick. Früher waren hier Reitställe der preußischen Kavallerie untergebracht, heute läuft House-

Musik, und die Jungs tragen weiße Schals um den Hals, ohne sich zu schämen. Im »Acanto« trifft man viele Coole und ebenso viele Möchtegern-Coole, die Grenzen sind ja fließend, ich selbst zähle mich je nach Tagesform mal zur einen, mal zur anderen Gruppe. An diesem Abend gehörte ich definitiv zu den coolen Jungs.

Julika saß auf einem Barhocker am Tresen. Ursprünglich hatte ich gar nicht vorgehabt, mich auf den freien Platz daneben zu setzen, ich wollte nur die Lücke in der ansonsten undurchdringbaren Menschenwand nutzen, um beim Barkeeper einen Drink zu ordern. Während ich auf meinen White Russian wartete, schaute ich mich um und bemerkte die zierliche Frau zu meiner Linken. Sie musste vor nicht allzu langer Zeit getanzt haben, denn sie hatte Schweißperlen auf der Stirn, und der Pony fiel ihr strähnig ins Gesicht.

»Ganz schön stickig hier«, raunte ich ihr zu, sie schaute bloß und nickte.

»Bist du öfters hier?« Keine originelle Frage, zugegeben. Sie nickte noch einmal, aber dann tat sich der Himmel auf: Die Frau lächelte mich an und ich blickte auf zwei strahlend weiße, perfekt angeordnete Zahnreihen. Selbst im Halbdunkel schienen sie zu funkeln, unter dem Stroboskop würden sie vermutlich Augenschäden verursachen.

Zähne sind mir sehr wichtig, vor allem, weil meine eigenen nicht die ansehnlichsten sind. Von den vielen guten Vorsätzen meines bisherigen Lebens habe ich das Versprechen »Die Spange trage ich regelmäßig!« wohl am rigorosesten gebrochen. Sie sind nicht total schief, nicht Jürgen-Vogel-schief. Aber doch unregelmäßig genug, sodass mein Kieferorthopäde sich zu der verletzenden Bemerkung hinreißen ließ, womöglich habe ich einmal Glück und gerate in eine Demonstration und ein hysterischer Bereitschaftspolizist schlage mir mit seinem Knüppel die Vorderzähne aus. Denn dann, und wirklich nur dann übernehme die Krankenkasse alle Kosten für einen vollständigen, perfekt modellierten Keramikersatz. Bis jetzt hat mich das Glück nicht ereilt.

Meine Sitznachbarin lächelte immer noch, jetzt allerdings in Richtung Barkeeper, sie kriegte ihren Mund nicht mehr zu. Frauen wissen um ihre schärfsten Waffen. Für mich war klar, dass ich sie kennenlernen musste, und dass ich sie, vorausgesetzt, sie entpuppte sich nicht als Psychopathin, an diesem Abend mit nach Hause nehmen wollte.

Ich entschloss mich zu einer Anmache, die meiner eigenen Erfahrung nach genau zwei Reaktionen zur Folge haben konnte: Entweder würde die Frau aufstehen und das Weite suchen – oder sie wäre mir verfallen. Ich wartete, bis der Barkeeper meinen Cocktail brachte, dann fischte ich einen Eiswürfel aus dem Glas und legte ihn zwischen uns auf den Tresen. Anschließend knallte ich mit voller Wucht mit der Faust darauf. Die Zahnfee zuckte zusammen, nun lächelte sie nicht mehr.

»Sorry, aber das musste sein. Jetzt ist das Eis zwischen uns gebrochen.«

Pause. Sie fand es zum Glück urkomisch. Ihr Name war Julika, sie war mit ihrer Schwester aus Lehrte angereist und wollte noch heute Nacht zurückfahren. Sie hatte eine liebliche Stimme und noch besser: Sie hatte gerade eine Beziehung hinter sich, von der nur Trümmer übrig geblieben waren und von der sie sich nach eigener Aussage »heute ein bisschen ablenken« wollte. Ein bisschen ablenken, eine unmissverständlichere Einladung zu einem One-Night-Stand hatte ich noch nie gehört. Wir blieben noch kurz am Tresen, sie bestellte einen Caipirinha, den trinke man jetzt wieder, sagte sie. Und sie bestand darauf, dass ich zahlte.

Ich fragte mich, ob sie mich auch attraktiv fand. Mit geschlossenem Mund sehe ich eigentlich ganz passabel aus.

Wir gingen nach draußen, das »Acanto« hat einen kleinen Garten, dort fanden wir zwei freie Rattansessel, es war Mitte Juni und warm genug, um eine Weile im Freien zu sitzen. Julika war witzig. Sie fragte mich, ob ich schon mal bei einem Penisleser gewesen sei.

»Bitte was?«

Ich hatte Laser verstanden, aber Julika meinte tatsächlich Leser.

»Den Menschen, der dir ein Genitalhoroskop erstellt.«

Sie hatte die Geschichte von ihrem Mittlerweile-Ex gehört. Es gibt offenbar spirituelle Dienstleister, die sich auf die Analyse von Geschlechtsteilen spezialisiert haben. Männer mit hängenden linken Hoden neigten beispielsweise eher zu psychischen Problemen, und dann hatte Julika einen schönen Satz auswendig gelernt: »Linksausgerichtete Blutpenisse sind häufig sensibler als rechtsausgerichtete.«

»Bist du sicher, dass dich dein Ex nicht verarscht hat?«

»Wenn, dann wurde er selbst verarscht. Zu einer bewussten Lüge ist der gar nicht fähig.«

Ich wollte wissen, woran ihre Beziehung gescheitert sei, und dann erzählte sie die ganze einschläfernde Geschichte: wie sie im letzten Winter zusammen mit Freunden eine Skihütte gemietet hatten, und dass draußen tagelang ein Sturm getobt habe, sodass sie drinnen sitzen mussten und meistens »Tabu« spielten, wobei sich ihr Felix viel besser mit Anna verstanden habe als mit ihr, und an dem Abend, als sie, Julika, ihren Felix gefragt habe, ob er nicht auch müde sei und mit ins Bett wolle, sei er noch mit Anna vor dem Kamin sitzen geblieben, die beiden hätten sogar eine Flasche Rotwein aufgemacht, und zwar ausgerechnet den Blaufränkischen, den Julika ein paar Tage zuvor in einer Salzburger Vinothek entdeckt habe. In dem Ton ging es weiter. Es war deutlich mehr, als ich wissen wollte, aber Julika jetzt zu unterbrechen und eine Kurzfassung zu erbitten oder geschickt auf das Thema Penislesen zurückzukommen, schien mir schwer möglich. Immerhin konnte ich mich am Anblick perfekter Zähne erfreuen.

Es stellte sich heraus, dass auf der Skihütte überhaupt nichts zwischen Felix und Anna passiert war, aber Julika sah das trotzdem als psychologischen Knack- und Wendepunkt in ihrer Beziehung zu Felix, die dann langsam, aber merklich komplizierter geworden sei. Als Julika endlich zu der Stelle kam, an der Felix und sie übereinkamen, es sei wohl besser, die Beziehung zu beenden, hatte ich längst den Faden verloren. Ich verstand nicht, wo das Problem lag, aber ich wollte auch nicht nachfragen und am Ende einen neuen Redeschwall provozieren. Zumindest war mir klar, dass Julika noch sehr an ihrem Exfreund hing – und dass ich meiner Aufgabe, sie »ein bisschen abzulenken«, bislang nicht hinreichend nachgekommen war.

Ein Detail gab mir Anlass zur Hoffnung. Julika griff immer genau dann nach ihrem Cocktail, wenn ich nach meinem griff. Synchronbewegungen sind unterbewusste Zeichen, dass sich Singlemann und Singlefrau in ihren Wellenlängen annähern, das ist kein Esoterikquatsch, sondern wissenschaftlich belegt. Jede Tierart hat ihr ureigenes Balzverhalten: Vögel singen, tanzen oder plustern sich auf, der australische Leierschwanz trällert ganze Arien, Leguane kriegen schwarze Bärte. Menschen trinken eben gleichzeitig.

Andere, vornehmlich weibliche Signale sind das Benetzen der Lippen und ständiges Wuscheln im Haar, überwiegend im Hinterkopfbereich. Beides konnte ich an Julika bisher nicht beobachten, aber das konnte noch kommen.

Ich selbst achte bei Dates darauf, Frauen möglichst frontal meinen Torso entgegenzustrecken, damit sie das maximale Ausmaß meiner Breitschultrigkeit erfassen. Das ist genauso wissenschaftlich belegt wie die Tatsache, dass Männer mit einem einzigen Kuss die Wahrscheinlichkeit auf Sex erhöhen, weil sie in ihrem Speichel Testosteron und wichtige Botenstoffe weitergeben.

Und ja verdammt, ich wollte Julika küssen.

Ich fragte, ob sie denn glaube, dass sie mit Felix noch einmal zusammenkommen werde, denn wenn nicht, sei ein Schlussstrich sicherlich das Beste. »Am leichtesten vergisst man jemanden, indem man sich neu verliebt.«

»Wem sagst du das, ich strecke doch bereits meine Fühler aus.«

Ich war mir nicht sicher, ob sie auf uns anspielte, ich stand jedenfalls kurz vor einem Kussversuch.

»Zum Beispiel heute«, sagte ich, »hier laufen doch lauter schöne Männer rum, oder?«

»Geht so.«

»Ist denn nicht einer dabei, der dir gefällt? Oder gefallen könnte, wenn du ihn besser kennenlernst?«

»Geht so. Ich sehe hier eigentlich nur B-Männer.«

Julika erklärte es mir: Ein Grundproblem ihres Lebens sei, dass sie ständig auf Männer treffe, mit denen sie sich nett unterhalten, die sie aber unmöglich attraktiv finden könne. Sie selbst sei eben, das traue sie sich kaum zu sagen, aber so sei es nun mal, eine A-Frau und könne sich daher auch nur in A-Männer verlieben.

»Ich hoffe, das klingt jetzt nicht hochnäsig.« Natürlich klang es hochnäsig. Und brutal taktlos.

Sie sagte, das sei quasi wie im Kapitalismus, da verkaufe sich auch keiner unter Marktwert, es sei denn im Rahmen einer Charityaktion.

»Du bist nicht sehr charmant.«

»Wie meinst du das?« Sie begriff es immer noch nicht. Hier musste Schluss sein.

Tucholsky war schuld

Niklas (31), Rechtsanwalt, Kiel
über
Christiane (30), Syndikusanwältin, Mainz

Meine Geschichte ist schon ein paar Jahre alt. Es war im März 2003. Das weiß ich deshalb so genau, weil George W. Bush kurz davor war, mit seinen Truppen in den Irak einzumarschieren. Meine Freunde, ich und eigentlich alle, die ich kannte, waren gegen den Krieg. Mitte Februar waren wir im Bus nach Berlin gefahren, um dort mit einer halben Million Menschen gegen Bush zu demonstrieren. Ein prägendes Erlebnis, die ganze Straße des 17. Juni voller Friedensaktivisten, wir schafften es nicht mal in Sichtweite des Rednerpults. Was für eine kraftvolle Bewegung. Und doch ahnte man, dass dieser Krieg trotzdem stattfinden würde.

Ich war damals in Christiane verliebt, wir kannten uns von der Uni, und obwohl ich sonst eher pessimistisch bin, was meine Chancen bei Frauen betrifft: In diesem Fall wusste ich eigentlich, dass Christiane mich auch mochte. Ihre beste Freundin drängte mich seit Wochen, endlich in die Offensive zu gehen, selbst meine Mutter war sich sicher. »Sie wartet bestimmt nur darauf, dass du den ersten Schritt machst.«

Den ersten Schritt also. Warum gerade ich? Wenn zwei Menschen zusammengehören, aber nicht zusammenfinden, warum soll es dann Aufgabe des Mannes sein, etwas zu unternehmen? Ich wünschte, Christiane hätte ihn selbst gewagt, diesen furchtbaren ersten Schritt.

Wir hatten uns nach einer Juravorlesung kennengelernt, sie stand im Bistro mit ihrem Milchkaffee, ich war ihr unauffällig gefolgt. »Hey, saßt du nicht auch eben im Hörsaal?«

Eine Woche später waren wir bereits Banknachbarn und kritzelten uns gegenseitig Nachrichten in die Blöcke. Meistens waren es Lästereien über den Professor oder besonders tussenhaft gekleidete Kommilitoninnen, von denen gab es leider einige bei uns im Fachbereich. Überhaupt interessierten mich die wenigsten Mitstudenten. Weil ich in Kiel geboren und aufgewachsen bin, hatte ich schon zu Beginn meines Studiums einen großen Freundeskreis, also hatte ich es nie nötig, auf Erstsemesterpartys um soziale Kontakte zu betteln. Wäre ich nur trotzdem mal hingegangen, vielleicht hätte ich Christiane dann schon früher kennengelernt.

Wir sahen uns nun fast täglich an der Uni. Wir gingen zusammen in die Mensa oder ins Bistro, am Wochenende feierten wir meist im »Tucholsky«, kurz »Tucho«, das ist ein Kellerclub in der Bergstraße. Die meisten Gäste dort waren Studenten, und samstagabends spielte der DJ vor allem Rocksongs aus den Neunzigern. In der Mitte der Tanzfläche rottete sich stets eine Horde verschwitzter Jungs zusammen, die alle ihre Mittelfinger zur Decke streckten und Sätze wie »Fuck you, I won't do what you tell me« brüllten. Das ist jetzt keinesfalls abfällig gemeint, ich liebe schließlich Rage Against The Machine. Ich liebte das »Tucho«, aber noch mehr liebte ich Christiane. Das wurde mir kurz vor Weihnachten 2002 bewusst, als sie mir erzählte, dass sie gerade ihren Zug für die Heimfahrt zu ihren Eltern gebucht habe. Christiane kommt aus einem Vorort von Freiburg, ich konnte mir damals nie merken, ob die Gegend nun zu Baden oder Schwaben gehörte, so konnte ich Christiane gut aufziehen.

Sie sagte, dass sie zu Hause auch ihren Exfreund wiedersehen wolle, und ich war schrecklich eifersüchtig. Christiane hatte sich von Tom getrennt, bevor sie nach Kiel gezogen war. Zwei gute Entscheidungen auf einen Schlag, sagte sie immer, wenn sie darüber sprach. Aber nun würde sie ihn wiedersehen, und ich hasste die Vorstellung, dass Tom sie hofieren würde.

Als Christiane im neuen Jahr nach Kiel zurückkehrte, fragte ich sie aus. Nein, nein, da sei nichts passiert, sie wisse auch gar nicht mehr, warum sie je mit diesem Trauerkloß zusammen gewesen sei. Das Schönste, was sie an diesem Abend sagte, ging aber so:

»Ich habe euch voll vermisst.« Sie sagte zwar »euch«, meinte aber eigentlich »dich«. Hoffte ich.

Mit jeder Verabredung kamen wir uns näher, auch der körperliche Kontakt wurde enger. Es fing an mit Kleinigkeiten, sie entfernte mir Fusseln vom Pullover, bald auch aus den Haaren, wir streichelten uns gegenseitig mit gespieltem Mitleid über den Arm, wenn der eine den anderen aufgezogen hatte. Wer Christiane und mich in Aktion sah, musste annehmen, dass wir bereits ein Liebespaar waren. Oder aber sehr gute Freunde.

Ich hatte dennoch weiter Restzweifel und scheute das Risiko. Es stand so viel auf dem Spiel.

Als wir nach Berlin zur Anti-Bush-Demo fuhren, saß ich natürlich neben Christiane im Bus. Wir hörten Walkman und teilten uns einen Kopfhörer. Abends auf der Rückfahrt legte sie ihren Kopf auf meine Schulter. Romantischer geht es ja wohl kaum. Ich traute mich immer noch nicht.

Dann kam der Abend im »Tucholsky«. Ich hatte zu Hause Wodka getrunken, gerade so viel, dass sich meine Aufregung ein bisschen legte, ich aber weiterhin im Vollbesitz meiner geistigen Kräfte war. Ich hatte einen Entschluss gefasst: Heute würde ich ihr meine Gefühle gestehen. Den ganzen Tag über hatte ich die

Situation durchgespielt, aber wenn es dann so weit ist, fühlt man sich trotzdem völlig unvorbereitet.

Wir lehnten in einer Ecke des Clubs mit unseren Rücken an der Wand und sahen den anderen Leuten beim Tanzen zu. Christiane wollte mir etwas von der Uni berichten, aber ich hörte nicht zu, ich stand schließlich kurz vor einer bedeutenden Weggabelung in meinem Leben. Dann zählte ich in Gedanken von zwanzig an rückwärts. Bei null drehte ich mich zu ihr, es war so laut hier im Keller, dass ich mich ganz weit zu ihr rüberlehnte, und dann sagte ich diesen einen schlichten Satz:

»Du, ich glaub, ich hab mich in dich verliebt.«

Christiane zog ein bisschen die Mundwinkel nach unten und guckte mich gelangweilt an. Sonst nichts. Kein »Ich liebe dich auch« oder »Danke, dass du es endlich aussprichst«. Selbst ein »Darüber muss ich nachdenken« wäre mir lieber gewesen als dieses Schweigen. Ihr Blick wanderte langsam zur Tanzfläche. Offensichtlich konnte sie mit meinem Geständnis nicht umgehen. Mir war schlecht geworden, ich fühlte mich bis auf die Knochen blamiert.

So standen wir noch eine Weile still nebeneinander, bis ich die Situation nicht mehr aushielt. Ich nahm meine Jacke und flüchtete nach draußen, ich lief die Bergstraße einmal rauf und runter, dann schrieb ich Christiane eine SMS: »Ich komm nicht wieder rein, will nach Hause.«

Sie antwortete bloß mit »Ok, gute Nacht«.

Den Sonntag verbrachte ich komplett im Bett, ich zappte durchs Fernsehen und hielt mich für den unglücklichsten Menschen auf Erden. Christiane schrieb mir eine kurze Mail, in der sie fragte, ob es mir gut gehe. »Alles bestens«, antwortete ich.

In meiner Hilflosigkeit tat ich einige alberne Dinge. Ich zerriss Fotos, die wir zusammen im Automaten gemacht hatten. Anschließend dachte ich: Wie schade um die schönen Erinnerungen, aber ich hatte die Bilder so sorgfältig zerstört, dass Zusammen-kleben zwecklos schien. Ich löschte auch Christianes Nummer aus meinem Handy.

Als wir uns am Montag an der Uni trafen, hatte ich mich schon wieder etwas beruhigt. Wir versuchten, ganz normal miteinander umzugehen, das Necken und Berühren fiel jetzt natürlich aus, aber vielleicht konnte aus dem Desaster eine passable Freund-schaft entstehen, hoffte ich. Sie fragte mich, ob ich nicht über die Nacht im »Tucholsky« sprechen wolle, sie habe sich Sorgen gemacht, weil ich so plötzlich getürmt sei.

»Glaub mir«, erwiderte ich schroff, »wenn ich mit dir darüber sprechen wollte, würde ich es sagen.«

Am Wochenende waren wir auf eine WG-Party eingeladen. In der Küche diskutierten die Gäste über Politik, George W. Bush hatte zwei Nächte zuvor seinen Krieg gegen den Irak begonnen. Christiane und ich setzten uns ins Wohnzimmer.

»Seit einer Woche ist es irgendwie komisch zwischen uns«, fing sie an. »Seit dem Abend im Club.«

»Na sag bloß«, meinte ich nur.

Sie ließ sich nicht provozieren und fragte: »Was ist denn bloß los mit dir? Habe ich was falsch gemacht?«

Ich hatte eigentlich nicht vorgehabt, die Sache noch einmal auf-zurollen, schon gar nicht hier auf der Party, wo vielleicht Fremde mithörten. Aber Christiane bohrte so lange, bis ich nicht mehr konnte. Ich erzählte, wie sehr mich ihre Abfuhr getroffen hatte. Dass ich ihre kühle Art arrogant und respektlos fand.

»Wovon redest du bitte?«

Christiane guckte mich irritiert an. Sie konnte mir offenbar nicht folgen. Ich war ebenfalls verwirrt, und es dauerte eine ge-fühlte Ewigkeit, bis wir dahinterkamen, was an dem Abend im Kellerclub wirklich vorgefallen war: Christiane hatte mich falsch verstanden. Sie hatte nicht »Du, ich glaub, ich hab mich in dich verliebt« gehört, sondern »Du, ich glaub, es gibt Krieg«. Nur deshalb hatte sie die Mundwinkel verzogen.

»Verdammt auch, dass es in dem Club auch immer so laut sein muss…«

Weiter kam ich nicht, denn da hatte sie ihre Lippen schon auf meine gepresst.

Eine Frage des Stils

Julius (27), Vertriebsassistent, München
über
Mirja (28), Tourismusmanagerin, München

Wir waren indisch essen, sie hatte Chicken Mango, ich Lamm in scharfer Currysoße, wir saßen unter goldenen Götterstatuen, in einer Schale schwammen Kerzen. Anschließend gingen wir noch in eine Cocktailbar, dort brachte ich Leonie ständig zum Lachen, wir schnippten mit Erdnüssen nach anderen Gästen und fanden uns großartig. Den Laden verließen wir erst, als der Barkeeper um halb zwei die Stühle hochstellte, und auf dem Nachhauseweg spazierten wir am Ufer der Isar entlang. Ein Date wie im Bilderbuch, und dann, zum Abschied, der Kuss vor ihrer Wohnungstür. Es hätte alles so schön sein können, wäre ich wirklich in Leonie verliebt gewesen und nicht in ihre Freundin Mirja.

Ich weiß auch nicht recht, wie ich in diesen Schlamassel geraten konnte. Mein Masterplan hatte jedenfalls anders ausgesehen: Mit Leonie wollte ich mich einlassen, um möglichst nah an Mirja heranzukommen. Die zwei waren eng befreundet und am Wochenende meistens im Doppelpack unterwegs.

Hübsch sind sie beide, bloß hat Mirja irgendwie mehr Klasse, man könnte sagen: Leonie ist H&M, und Mirja ist COS. Falls es mir also gelänge, kumpelhafte Bande zur einen zu knüpfen, könnte ich automatisch auch mit der anderen viel Zeit verbringen und ihr, ohne aufdringlich zu wirken, meine Schokoladenseiten präsentieren. Leider lief es aus dem Ruder. Ich glaube, Leonie hat mich einfach clever um den Finger gewickelt. Unser Essen beim Inder war ursprünglich nicht als Date gedacht, zumindest nicht von meiner Seite, im Gegenteil wollte ich den Abend nutzen, um Leonie über ihre Freundin auszuhorchen. Vielleicht würde sie mir verraten, ob Mirja in ihrer Gegenwart schon einmal über mich gesprochen hatte. Aber dazu kam es nicht.

Es gibt wirklich nicht viele Menschen, die über meine Witze lachen. Leonie tat das andauernd, sie schmeichelte mir mit Sätzen wie »Du kannst echt gut erzählen«, und mit jedem Kompliment rutschte Mirja auf meiner Prioritätenliste weiter nach hinten.

Bereits am nächsten Abend sahen wir uns wieder, ein bisschen überraschte mich das Tempo, mit dem Leonie vorging. Sie ließ keinen Zweifel an den ab sofort gültigen Umgangsformen zwischen uns. Küssen, Händchen halten, anschmiegen, Nacken kraulen. Mir kam der Gedanke, dass sie uns für ein Paar hielt.

Ich fügte mich, es gab schließlich härtere Schicksale, und so beschloss ich, zu genießen. Mirja behielt ich im Hinterkopf, betrachtete sie als Langzeitprojekt wie eine noch zu erlernende Fremdsprache oder den zugemüllten Kofferraum, den man erst ausräumen will, wenn man mal Kraft und Ruhe findet.

Mit Leonie ging ich ins Kino, sie trug ein weißes Top mit Spaghettiträgern, und ihre Augen funkelten im Dunkeln. Wir fummelten schon beim ersten Trailer, den Film selbst habe ich nur lückenhaft in Erinnerung.

Ich fragte mich, ob die Schmetterlinge im Bauch irgendwann von alleine kämen. Ob wenigstens Aussicht auf ein paar Raupen bestand.

Man kann sich ja leider nicht aussuchen, in wen man sich verliebt. Nüchtern betrachtet sind dafür Dopamin und Serotonin,

Oxytocin und Neurotrophin verantwortlich, alles Botenstoffe und Hormone, die ein Körper entweder produziert oder eben nicht. Ich hatte darüber einen längeren Artikel gelesen, danach war ich erschrocken, wie wenig man in seinem Leben bewusst steuert. Hätte ich die Befehlsgewalt über meinen Körper, ich hätte bei jeder Begegnung mit Leonie eine Sonderausschüttung Oxytocin angeordnet. Aber da kam nichts.

Die Zeit verflog, und ehe ich mich versah, feierten wir unser Viermonatiges. Meine Kumpels beglückwünschten mich zu meiner Freundin, Papa nannte sie einen »guten Fang«. Auf Partys beobachtete ich fremde Männer dabei, wie sie Leonie verstohlene Blicke zuwarfen, und das Schlimme war, es machte mir gar nichts aus.

Dafür plagten mich langsam Schuldgefühle. Darf man einer Frau »Ich liebe dich« sagen, wenn man nichts dergleichen fühlt? Sie hatte angefangen mit den Liebesbekundungen, nach ein paar Wochen schon und dann immer häufiger, da kann man schlecht jedes Mal bloß »Ich weiß« antworten.

Es kam der Dezember. An einem besonders kalten Abend zogen wir mit Mirja über den Weihnachtsmarkt am Sendlinger Tor. Wir tranken Glühwein, Leonie kaufte eine von diesen Lotuskerzen, bei denen sich das Wachs beim Abbrennen nach außen neigt und das dann aussieht wie eine Blüte. Später wärmten wir uns in der Kneipe auf, und weil der Wirt an diesem Abend sein Kind hüten musste, das gar nicht süß war und ständig am Zapfhahn spielte, kamen wir irgendwie auf das Thema Familienplanung zu sprechen, und Leonie sagte einen Satz, der mich erschaudern ließ:

»Eigentlich möchte ich noch keine Kinder. Aber wenn es mit Julius passiert, wäre es okay.«

So weit war es schon gekommen. Leonie wollte unsere DNA vereinen, und ich war nicht einmal verliebt. Diese Beziehung hatte in kurzer Zeit eine erschreckende Ernsthaftigkeit erreicht.

»Ich hätte auch nichts gegen ein Kind«, log ich. Von jetzt an würde ich darauf achten, dass wir nur Kondome benutzten, die ich gekauft hatte. Man kennt ja die Horrorgeschichten: Frauen stechen winzige Löcher in Gummis, und schon ist man auf Jahrzehnte aneinander gebunden. Aber nicht mit mir.

»Wenn ich euch so turteln sehe, wird mir ganz warm ums Herz«, sagte Mirja. »Ihr habt es gut.«

»Bald findest du auch jemanden«, sagte Leonie. Tatsächlich grenzte es an ein Wunder, dass Mirja keinen Freund hatte. Und als wir so dasaßen, drängte sich mir der Gedanke auf, dass diese Frau nicht ewig allein bleiben würde. Dass sich das Zeitfenster demnächst schließen würde und ich schnell zu meinem ursprünglichen Plan zurückkehren musste. Das war ich mir schuldig.

Zu Hause legte ich mich aufs Bett, stellte das Radio an und starrte auf die Raufasertapete. Die kleinen Hügel darauf sind für mich wie eine Mondlandschaft, ich gucke sie immer an, wenn ich nachdenken muss. Mit Leonie zu gehen war wie Nikotinpflaster kleben: Eine Zeitlang hatte es mein Verlangen gestillt, zumindest hatte ich mir das eingebildet, aber jetzt war es wieder da und vielleicht stärker als vorher.

Es gab zwei Möglichkeiten. Entweder konnte ich mit Leonie Schluss machen, eine Anstandszeit abwarten und dann mein Glück bei Mirja versuchen. Oder ich konnte Mirja gleich anflirten. Das brachte den Vorteil mit sich, dass ich Zeit sparen würde und außerdem bei einem Korb mit Leonie zusammenbleiben konnte.

Ich entschied mich für Letzteres. Was für ein komisches Gefühl, als ich Mirja anrief. Das hatte ich bisher nur einmal getan, um über ein Geburtstagsgeschenk für Leonie zu beratschlagen, mir wäre sicher auch selbst etwas Originelles eingefallen, aber ein Brainstorming mit Mirja wollte ich mir nicht entgehen lassen. Diesmal war ich nervös, schon bei der Begrüßung verhaspelte ich mich. Daran erkenne ich, dass mir eine Frau wirklich etwas bedeutet: Ich benehme mich wie ein Vollidiot, rede unzusammenhängendes Zeug, wünsche mir einen Souffleur. Bei Leonie passierte mir das nie.

»Sag mal, ich wollte dich was fragen, aber auch nur, wenn du jetzt wirklich Zeit hast, sonst können wir das gerne verschieben ...«

Sie hatte Zeit, und so verabredeten wir uns für den Abend im »Barschwein«, das ist ein Laden gleich bei mir um die Ecke; ich dachte, Heimvorteil könnte nicht schaden. Ich wusste ja nicht, dass an diesem Abend ein Fußballspiel lief und live im »Barschwein« übertragen wurde, HSV gegen irgendwas, wen interessiert denn das hier in München.

Ich ahnte, dass diese Operation riskant war. Selbst wenn Mirja etwas für mich empfand, hieß das nicht, dass sie bereit war, ihre Freundin zu verraten.

Es musste ja kein fliegender Wechsel sein. Wir konnten uns doch heimlich näherkommen, und ich würde ganz in Ruhe Schluss machen, und nach ein paar Monaten würden Mirja und ich unsere Beziehung öffentlich verkünden. Ob ein halbes Jahr ausreichte? Oder lieber ein ganzes?

Das Treffen verlief komischerweise überhaupt nicht verkrampft. Wir sprachen über Musik und Kunst und darüber, welche Blogs wir jeden Tag lesen.

»Ich find's toll, dass wir endlich mal etwas zu zweit unternehmen«, sagte Mirja. »Zu dritt ist es doch etwas anderes.«

Dann erzählte sie mir, wie froh sie sei, dass sie mich über Leonie kennengelernt habe. Und dass ihre Freundin echtes Glück habe mit einem wie mir.

»Von ihren Lovern bist du mit Abstand der coolste.«

Mit Abstand, hat sie gesagt. Ich war unsicher, ob hier nur eine gute Freundin zu mir sprach oder ob ich mitten in einem heißen

Flirt steckte. Dann tippte sie auch noch kurz mit ihrer Hand gegen meine Schulter.

Ich dachte: Mein ganzes Leben habe ich nur H&M getragen, jetzt wird es Zeit für COS.

»Mirja, ich muss da etwas ansprechen.«

»Oh, was kommt jetzt?«

»Was würdest du sagen, wenn ich dir etwas gestehen würde?«

»Etwas gestehen?« Sie sah jetzt richtig neugierig aus.

»Man kann sich seine Gefühle ja nicht aussuchen«, begann ich. »Da sind Dopamin, Serotonin und Oxytocin, dann ist da noch Neurotrophin.« Ich erzählte ihr von dem Zeitungsartikel, den ich gelesen hatte, sie hörte zu und nickte, sie schien zu begreifen.

»Und so ist das eben bei mir: Ich habe da so Gefühle für dich.«

Jetzt nickte sie nicht mehr.

»Wie soll ich das denn verstehen?«

»Ähm, ja gut…«

»Ich meine, du bist der Freund meiner besten Freundin.«

Ich wollte ihr das noch mal genau erklären mit den Botenstoffen und den Hormonen, aber Mirja wollte nichts mehr hören. Sie sagte, sie müsse jetzt gehen, ich konnte ihr gerade noch das Versprechen abringen, Leonie nichts zu verraten.

Mirja hat Wort gehalten. Schon am nächsten Wochenende gingen wir wieder zu dritt aus, Leonie, Mirja und ich.

Neulich haben wir Zweijähriges gefeiert, die große Liebe zu Leonie hat sich bei mir immer noch nicht eingestellt. Aber so ist das vielleicht im Leben, und ganz ehrlich: Wenn Leonie jetzt schwanger würde, ich fänd's okay.

Der blaue Brief

Jens (28), Soziologie-Student, Heidelberg
über
Heike (26), Physiotherapeutin, Heidelberg

Man tut unkluge Dinge, wenn man getrunken hat: in der Öffentlichkeit grölen, riskante Wetten abschließen, nachts an Straßenlaternen rütteln, bis das Licht ausgeht. Und man läuft Gefahr, sich zu unüberlegten Liebeserklärungen hinreißen zu lassen, die man am nächsten Morgen bitter bereut.

Ich habe einen Brief geschrieben. Keine Mail, sondern ganz *old school* auf Papier. Den letzten hatte ich ein halbes Jahr zuvor aufgesetzt, da bin ich aus der SPD ausgetreten. Es mache für mich alles keinen Sinn mehr, schrieb ich. Sie haben es akzeptiert. Der Brief an Heike fiel mir deutlich schwerer, denn erstens gab es so vieles, was ich ihr mitteilen wollte, und zweitens verhinderte der Inhalt einer Flasche Rotwein das Entwickeln einer erkennbaren Struktur.

Es war letzten Sommer an einem Sonntagabend. Ich hatte mit Freunden auf der Neckarwiese gesessen, Hendrik, Max, Sven und ich. Wenn sich vier Singlejungs treffen, gibt es früher oder später nur ein Gesprächsthema: Killerspiele, nein, Frauen natürlich. Warum man gerade keine hat, welche man so gerne hätte und warum die Auserwählte noch nicht eingesehen hat, dass man eine wahnsinnig gute Partie für sie wäre. Ich vermute, bei Frauen läuft das ähnlich. Nur fällt ihre Wortwahl hoffentlich etwas weniger vulgär aus. Auch über Heike sprachen wir an diesem Abend ausführlich, eine Freundin von Sven, die mich seit Monaten interessierte. Das erste Mal hatten wir uns auf einer Party getroffen, ganz klassisch in der Küche, ich saß auf einem Plastikstuhl, sie lehnte an der Arbeitsplatte mit einem Blech Tiramisu im Rücken. Die besten Flirts ergeben sich in der Küche. Oder auf dem Balkon bei den Rauchern, niemals aber auf der Tanzfläche. Wo Stroboskop, Kunstnebel und Lichtorgel fehlen, wirken sich rhythmisch bewegende Männer unfreiwillig komisch.

Heike sagte »Hallöchen«. Auch ansonsten kam sie mir ein wenig schickimicki vor, sie hatte sich geschminkt, als würde sie noch zu einem Galadinner erwartet. Ich mag eigentlich keine affektierten Frauen. Wer »Hallöchen« sagt, sagt auch »Chin Chin«. Und wer »Chin Chin« sagt, wäre im Zweifel auch zu Völkermorden fähig. Denke ich manchmal.

Mein negativer Ersteindruck hielt mich glücklicherweise nicht davon ab, mit ihr ein Gespräch anzufangen. Wir luden uns Riesenportionen Tiramisu auf die Teller und tauschten uns über Filme aus. Sie führte mich in die Welt der Screwball-Comedys ein, die alten Hollywoodschinken von Billy Wilder, Ernst Lubitsch, Preston Sturges. Heike kannte sie alle. »Wie, du hast *Rendezvous nach Ladenschluss* nicht gesehen?« Ich fühlte mich ungebildet, und ich konnte nicht glauben, dass eine reale Frau, ohne Photoshop, derart volle Lippen haben konnte. Ob die wirklich echt seien, rutschte es mir raus. Sie errötete und meinte, in der Unterstufe habe sie ein missgünstiger Klassenkamerad »Kongo-Lippe« genannt. Den Rest des Abends überlegte ich, wie es mir gelänge, diesen Lippen möglichst nahe zu kommen.

In den Wochen nach der Party trafen wir uns mehrmals, abwechselnd bei mir und bei ihr, wir liehen uns Screwball-Klassiker auf DVD aus. *Mr. Deeds geht in die Stadt, Drunter und drüber, Lustige Sünder* mit Jean Harlow und Spencer Tracy. Da Heike einen Freund hatte, und das seit einigen Jahren, konnten wir unsere Treffen nicht »Dates« nennen. Wir beschlossen, sie einfach gar nicht zu nennen, aber wenn uns kalt wurde, verkrochen wir uns unter derselben Wolldecke.

Als ich also mit meinen Freunden auf der Neckarwiese saß, viel Wein trank und über die Vollkommenheit von Heikes Lippen dozierte, da rieten mir alle drei, nicht bloß abzuwarten. Beim nächsten Screwball-Abend solle ich näher an sie heranrücken und schauen, was passiert. »Das Leben ist zu kurz, um nur Filme zu gucken«, sagte Max. Keiner widersprach.

Leider habe ich wenig Ahnung davon, wie man einer Frau in die Augen sieht und fragt, ob das nicht etwas werden könne zwischen ihr und mir. Ein großer Aufreißer war ich nie. Außer vielleicht im Erasmus-Jahr, aber das zählt nicht, weil selbst Milhouse von den Simpsons während eines Auslandsaufenthalts unter Studenten bei Frauen Chancen hätte.

Weit nach Mitternacht brachen wir auf. Die anderen mussten am nächsten Morgen früh aufstehen, ich schrieb an meiner Abschlussarbeit, da war es letztlich egal, ob ich es morgens aus dem Bett schaffte oder erst am Nachmittag oder erst am Morgen des darauffolgenden Tages. Also setzte ich mich zu Hause an den Schreibtisch, öffnete einen weiteren Merlot und hatte plötzlich diese verwegene Idee: Ich würde Heike einen Brief schreiben. Meine Gefühle offenlegen. Sie vor die Wahl stellen. Ich war ganz euphorisch, der Plan schien genial. Ich überlegte kurz, ob irgendetwas dagegenspräche, aber nein, mir fiel nichts ein. Dann riss ich ein weißes Blatt aus dem Block, es war liniert, und ich begann zu schreiben.

»Liebe Heike, in einem Song der Band Kettcar heißt es: Mach immer, was dein Herz dir sagt.« Ich hielt inne und versuchte abzuwägen, ob ich wirklich so mit der Tür ins Haus fallen sollte. War der Einstieg zu aufdringlich? Ich zerknüllte den Zettel und nahm mir einen neuen, diesmal begann ich mit »Hallo« statt »Liebe Heike«. Das Zitat blieb. Ich beschrieb unsere erste Begegnung in der Küche und dass ich gleich gewusst habe, dieser Moment könne etwas Besonderes darstellen, vielleicht sogar einen Wendepunkt in meinem Leben. In epischer Länge erinnerte ich sie auch an den Abend, an dem wir gemeinsam *Liebe im Handumdrehen* gesehen hatten, und dass ich mir da schon gewünscht habe, uns beiden werde es ergehen wie Fred MacMurray und Carole Lombard, bei denen alles erst kompliziert schien, fast aussichtslos, bis sie sich doch noch kriegten und für immer zusammenblieben.

Wenn man betrunken einen Brief aufsetzt, unterlaufen einem pausenlos Fehler. Also muss man viel durchstreichen. Das sieht nicht unbedingt ansprechend aus, andererseits verlieh es meinem Schreiben einen authentischen Touch. Dieser Brief war ehrlich.

Rückblickend schäme ich mich am meisten für die Abkürzungskette, die ich ganz unten als P.S. hinzufügte: UR2N8>2B4GOT10.

Morgens um fünf war mein Werk vollendet. Ich entschied, dass der Brief sofort abgeschickt werden musste. Es dauerte eine Weile, bis ich in meinem Viertel einen Briefkasten fand, die Vögel zwitscherten schon.

Als ich am späten Nachmittag aufwachte, fiel es mir sofort ein. Der Brief. Das schlimme Songzitat. Jede einzelne schnulzige Formulierung. Ich lief durch mein Zimmer, hin und her. In solchen Situationen kommen mir nie naheliegende Lösungen in den Sinn, sondern immer gleich Fluchtfantasien: Konto plündern und auswandern, eine Tauchschule in Indien gründen vielleicht. Ich kannte auch weniger radikale Exit-Strategien, nur zweifelte ich, ob diese hier ausreichen würden. Jetzt ruhig bleiben, Jens. Ich schaute aus dem Fenster und überlegte. Die Chance, dass

Heike meinen Brief nicht entsetzlich peinlich finden würde, lag bei Null. Mir blieb nur eine Wahl.

Die Post würde ihn erst am nächsten Vormittag zustellen, und da Heike tagsüber nicht zu Hause ist, würde sie ihn frühestens am späten Nachmittag im Briefkasten finden. Ich musste also bloß den Boten abwarten und das Corpus Delicti aus ihrem Briefkasten fischen.

Ich fasste wieder Hoffnung. Am nächsten Morgen verließ Heike um kurz nach acht das Haus, ich stand auf der anderen Straßenseite hinter einem Müllcontainer und beobachtete, wie sie ihr Fahrrad aufschloss. Heike wohnte in einem Altbau, ganz oben unter dem Dach. Ihr Briefkasten befand sich unten im Hausflur, das wusste ich von unseren Filmabenden. Jetzt musste ich nur noch auf den Postboten warten. Ich kaufte mir Kaffee und Croissants und setzte mich vor die Eingangstür. Der Bote hatte eine Menge Briefe dabei, in dem Haus wohnten mindestens ein Dutzend Parteien. Ich folgte ihm in den Flur; als er fertig war und die Tür hinter ihm ins Schloss fiel, suchte ich die Schilder der messingfarbenen Briefkästen ab. Heikes war gleich der zweite von links.

Dann bekam ich Panik. Meine Hand reichte nicht weit genug durch den Schlitz. So würde mein Plan auf keinen Fall funktionieren. Ich suchte nach Alternativen. Stöcke, Magneten, Schnüre mit Angelködern. Alles Mist. Ich fragte ein Nachbarskind, ob es mir helfen könne. Aber sein Arm war nicht lang genug, um in dem Kasten bis ganz nach unten zu kommen.

Wenn ich den Brief schon nicht rausholen konnte, musste ich ihn wenigstens unschädlich machen. Ich hätte literweise Joghurt in den Schlitz schütten können oder Hundekot oder noch besser: einen kleinen Brandsatz. Anschließend eine falsche Spur legen, vielleicht mit Edding ein großes »A« an die Wand schmieren und einen Kreis darum zeichnen. Doch was wäre, wenn mein Sabotage-Akt den Brief nicht gänzlich unlesbar machte und die Polizei später nur eins und eins zusammenzuzählen brauchte.

Ich entschied mich für einen weniger riskanten Notfallplan, der mir zwar sicher meine Würde nähme, mich aber nicht zum Straftäter machte. Ich schrieb Heike einen zweiten Brief. In dem ich mich entschuldigte und versuchte, alle Verantwortung auf den Alkohol zu schieben. Für den Fall, dass sie diesen Brief zuerst lesen würde, bat ich sie, den anderen ungeöffnet in den Müll zu schmeißen. Es sei besser für unsere Freundschaft, schrieb ich.

Heike antwortete per Mail. Sie war sehr nett und mitfühlend, sie schrieb, dass ich mir bitte nicht blöd vorkommen solle, einige Passagen habe sie sogar äußerst amüsant gefunden. Nur zu weiteren Filmabenden könnten wir uns unter den gegebenen Umständen wohl nicht mehr treffen. Ihrem Freund habe der Brief nicht gefallen.

Generation Nasenbluten

Lukas (24), Tontechniker, München
über
Julia, vermutlich aus München

S ie guckte mich an. Direkt in die Augen. Leider habe ich sofort
weggeschaut, raus aus dem Fenster. Ah, München im Oktober.
Wie spannend.

Wenn ich etwas gar nicht kann, dann ist es leider: Blicke
fremder Frauen aushalten. Ich muss jedes Mal wegsehen und so
tun, als wäre sie Luft für mich. Und als hätte ich Besseres zu tun.
Manchmal bewege ich dann stumm meine Lippen, als sänge ich
gedankenverloren ein Lied vor mich hin.

Wir saßen in der S8 vom Flughafen zurück in die Innenstadt.
Ich hatte meinen Bruder zum Terminal gebracht, für die Rückfahrt hatte ich mir am Kiosk eine *tz* gekauft. Hätte ich gewusst,
wem ich heute noch schräg gegenübersitzen würde, hätte ich *Zeit*
oder *mare* genommen. Sie hatte ebenfalls kein Gepäck bei sich,
nur eine kleine Stofftasche. Ob sie auch jemanden zum Flughafen
gebracht hatte? Ihren Freund vielleicht?

Sie hatte ein ganz zartes Gesicht, es sah aus wie gemalt oder
in Handarbeit aus Holz geschnitzt, dann wahrscheinlich aus
Ulme, denn sie hatte einen edlen dunklen Teint. Womöglich besaß sie italienische Vorfahren oder so. Ihre Gesichtszüge standen

in einem gewissen Widerspruch zu ihrem Outfit. Sie trug einen Bundeswehr-Parka, die deutsche Flagge am Ärmel hatte sie abgerissen und verkehrt herum wieder angenäht. Vielleicht war sie bei der Antifa, zumindest aber irgendwie links, was in München keineswegs alltäglich ist.

Eine Stimme sagte: »Nächster Halt: Ismaning.« Die Zeit lief mir davon, und ich wusste nicht, wie viel mir überhaupt blieb. Wollte sie wie ich zum Hauptbahnhof, hätten wir ab diesem Moment noch dreißig gemeinsame Minuten. Hatte sie aber zum Beispiel vor, am Ostbahnhof auszusteigen, würde sie sich schon in einer guten Viertelstunde von ihrem Sitz erheben.

Das dunkelblaue Polster der Lehne stand ihr wirklich gut. Ich hatte meinen Blick wieder auf sie gerichtet, sie kontrollierte ihre Fingernägel. Nicht lackiert, ohne divenhafte Überlänge, aber auch nicht abgeknabbert. Von Natur aus schön wie ihre Trägerin.

Ich wünschte, ich könnte besser mit Frauen. Ich bewundere Männer, die von sich behaupten, sie würden sich zwei oder drei gleichzeitig warmhalten. Oder ständig ein Zehnerpack Kondome mit sich tragen, nur so für alle Fälle. Aber ganz ehrlich: Die meisten übertreiben. Casanova, der große Verführer, war in Wahrheit vor allem ein großer Aufschneider, und Long Dong Silver ist zum Glück auch nur ein Mythos. Allesamt Helden aus Tausendundeinem Bett. Ein bisschen mehr Selbstbewusstsein hätte ich aber schon gerne.

Ihr Handy klingelte. *Freude schöner Götterfunken*, Beethovens Neunte. Sie kramte hektisch in ihrer Tasche.

»Hallo, hier ist Julia.«

Der Anrufer musste viel zu erzählen haben, denn Julia kam lange nicht zu Wort.

»Sorry, Mama, ich sitze in der U-Bahn. Können wir das heute Abend klären?«

Julia. Das passte. Ich gerate immer an die tollsten Julias. Und nie fühlt sich eine zu mir hingezogen. Allein an meinem Gymnasium waren es zwei. Auch während meiner Wehrdienstzeit kannte ich eine, sie kellnerte in meiner Erfurter Lieblingskneipe und würdigte mich keines Blickes, sie flirtete nur mit den Hauptgefreiten aufwärts. Die schönste Julia der Welt heißt allerdings Julia Bonk. Eine Politikerin. Ist erst paarundzwanzig und sitzt schon für die Linken im Dresdner Landtag. Sie hat ein Modelgesicht und blaue Augen wie ein Husky aus Reykjavik. Julia Bonk sagt so romantische Sätze wie »Auf dem Weg zu einer Gesellschaft, in der die freie Entfaltung aller Einzelnen die Voraussetzung für die freie Entfaltung aller ist, stellen wir Ausbeutung und jede Form von Unterdrückung gleichzeitig in Frage«. In perfektem Hochdeutsch.

Die Julia in der U-Bahn schaute mich wieder an – und ich schaute schnell wieder weg, diesmal runter auf meine Zeitung. Ich frage mich, ob Frauen das mitkriegen, wenn Männer schnell weggucken. Wahrscheinlich schon, oder? Und wirkt das dann süß schüchtern oder doof schüchtern?

Ich schaute zum Fenster. In der Spiegelung sah ich, dass die Luft rein war. Sie hatte sich weggedreht.

»Nächster Halt: Daglfing.«

Normalerweise regt mich die S8 auf, weil sie so langsam fährt. Heute raste sie wie nichts Gutes.

Ich wollte sie wirklich ansprechen, aber wie immer, wenn es drauf ankommt, fiel mir nichts ein. Außerdem hatte ich Angst. Ich fürchte mich dauernd vor irgendwas, das geht mir nicht nur bei Frauen so. Ich fürchte mich vor Arbeitslosigkeit, vor Karaokeanlagen, vorm Rückwärtseinparken am Hang, ich habe Angst vor Ecstasy, aber auch davor, etwas Wichtiges zu verpassen, wenn ich nicht wenigstens einmal in meinem Leben eine Pille ausprobiert habe. Ich fürchte mich vor der Benutzung fremder Toiletten und davor, dass die Spülung kleine Tröpfchen auf der Brille hinterlässt, sodass der nächste Gast denkt, ich hätte im Stehen gepin-kelt. Solche Ängste quälen mich, und meine Freunde erzählen das Gleiche. Vielleicht ist das ein Generationsding.

Ich bin zwar nicht Florian Illies, aber wenn ich dem Phäno-men einen Namen geben soll, dann sind wir wohl die Generation Nasenbluten.

Wenn du das hier mit Julia vermasselst, bist du selbst schuld, dachte ich mir. Und ich nahm mir vor, beim nächsten Mal ihrem Blick standzuhalten. Auf jeden Fall. Sie guckte aber nicht mehr.

Meine zweite große Schwachstelle nach »Blicke erwidern« ist übrigens »fremde Frauen ansprechen«. Mich zu ihr rübersetzen und Guten Tag sagen, das würde ich mich nicht trauen. Aber andererseits ging die Wahrscheinlichkeit, dass Julia mich anspre-chen und sagen würde: »Unbekannter, du bist zwei Mal meinem Blick ausgewichen, das finde ich süß«, mathematisch gegen null.

Ich flehte sie innerlich an, mich noch mal anzugucken. Ihr Ulmen-holzgesicht wenigstens einmal in meine Richtung zu drehen. Dann befahl ich es ihr. Natürlich nur innerlich. Das mache ich manchmal: Menschen in Gedanken Befehle geben. Hilft aber nichts.

Ich hoffte, dass vielleicht mein Handy klingelte, vielleicht wäre es mein Bruder, der mir Bescheid geben wollte, dass er gut durch die Sicherheitskontrollen gekommen sei und wie sehr er sich freue, dass er in drei Stunden schon in Ibiza am Strand liege. Aber mein Bruder rief nie an, wenn es nicht sein musste.

Dann stand sie auf. Ging Richtung Tür, im Vorbeigehen streifte sie noch einmal kurz meinen Blick. Diesmal hielt ich stand, aber sie ging weiter.

Leuchtenbergring also. Dort würde sie aussteigen. Ich musste schnell eine Entscheidung treffen, sonst war es vorbei. Der Wagen hielt, die Tür schwang auf.

Man muss sich im Leben ständig entscheiden. Für das eine oder das andere. Hund oder Katze. Eastcoast oder Westcoast.

Beckmann oder Kerner. Aussteigen oder Sitzenbleiben. Ich sprang hoch und lief Julia hinterher. Auf dem Bahnsteig sprach ich sie an. Fragte, ob sie nicht Lust habe auf einen Kaffee.

»Ich würde dich gerne einladen.«

Sie sagte: »Okay.«

Es war kein herzliches Okay, mehr ein skeptisches, ein hinten nach oben gezogenes. So ein »Da bin ich aber gespannt, was das werden soll«-Okay.

Ich kannte mich nicht aus in der Gegend, wir gingen nach Norden in Richtung Prinzregentenstraße, sie führte mich geradewegs ins »Bei Charlie«, einen Laden mit urigen Holzmöbeln, Bierkrügen auf den Regalen und einem Spielautomaten an der Wand. Kein idealer Ort für ein romantisches erstes Date.

Wir hatten uns nichts zu sagen. Aber das sehr intensiv. Wie schrecklich lange es alleine dauerte, bis der Kaffee kam. Danach konnte ich mich wenigstens an meiner Tasse festhalten und trinken, wenn wieder eine peinliche Stille eintrat.

Ich fragte sie, wo sie denn gerade herkomme, sie sagte aus Amsterdam, aber dass sie darüber nicht sprechen wolle. Ich sagte: »Oh, du bist ohne Koffer gereist?« Sie sagte nur »Hmm«. Sie stellte keine Fragen und zeigte auch sonst kein Interesse. Nicht mal ein: »Ist ja nett, dass du mich angesprochen hast.« Jetzt wirkte sie gar nicht mehr niedlich.

Es war die unangenehmste Verabredung meines Lebens. Nach nicht mal zehn Minuten hatte sie ausgetrunken, und obwohl ich in meiner Tasse noch mindestens zwei Schlucke hatte, meinte sie, dass sie jetzt schnell loswolle, sie müsse Wäsche waschen.

Tyrannosaurus Ex

Sebastian (32), Journalist, Berlin
über
Dorothee (30), Museumsangestellte, Berlin

Sie hatte noch seine Unterwäsche. Mittig gefaltet in der Schublade unter dem Fernseher. Drei Boxershorts, einen Taillenslip mit Eingriff und eine Schiesser. Ich dachte: Wie kann man Monate nach einer Trennung noch des anderen Unterwäsche aufbewahren. Und dann wie gesagt Schiesser.

Seine Wandergitarre hatte Jochen längst abgeholt. Den DVD-Spieler auch. Nur die Unterwäsche war geblieben.

»Bringst du ihm die irgendwann vorbei?«, fragte ich.

»Ja klar«, sagte sie. »Bei Gelegenheit.«

Normalerweise ist Doro diejenige, der man alles hinterhertragen muss. Sie lässt ihr Portemonnaie so häufig in der Bahn liegen, dass sie im Fundbüro mit eigener Kundennummer geführt wird. Diesen Witz hat sich Jochen ausgedacht. Und was Jochen sich ausdenkt, ist lustig. Findet Doro.

Ich sagte: »Wie kann dein Ex überhaupt Schiesser tragen?«

Sie sagte, das gehe jetzt wieder, das sei retrocool.

Doro und ich haben uns im Plus-Markt kennengelernt. Sie hatte an der Kasse eine Wasserflasche stehen gelassen. Keine Sorge, sagte der Kassierer. Die Frau kenne er bereits, die komme gleich zurück und hole, was sie vergessen habe. Ich bestand darauf, ihr nachlaufen zu dürfen.

»Ich glaube, du hast eine Wasserflasche verloren.«

Sie bedankte sich, und dann standen wir uns unschlüssig gegenüber, und mir fielen tausend Gesprächsthemen ein, aber leider erst hinterher.

Zum Glück trafen wir uns bald im Supermarkt wieder, ich gebe zu, ich habe es darauf angelegt. Womöglich war ich für eine gewisse Zeit sehr oft dort. Ich sprach sie an und sagte: »Erinnerst du dich? Ich habe dir neulich eine Wasserflasche hinterhergetragen.«

Sie sagte »Ach ja«, und man konnte ihrem Gesicht ansehen, dass sie keine Ahnung hatte.

»Sag mal, trinkst du eigentlich nur Wasser oder auch Kaffee?«

Sie fand das lustig, sie lacht schließlich auch über Jochens Witze, und so gingen wir ins Café und beschlossen, Freunde zu werden.

Normalerweise läuft es nicht so glatt. Zumindest nicht bei mir. Aber Doro und ich, das passte.

Sie lud mich zu sich nach Hause ein. Ich brachte Fertigsushi aus unserem Supermarkt mit, Doro hatte Kerzen im Raum verteilt. Ich meine: Kerzen im Raum verteilt! Noch klarer wäre die Botschaft nur gewesen, hätte sie auch gleich das Badewasser eingelassen.

Am Kühlschrank klebte ein Bild von Jochen. Er sah aus wie ein schlechter Witz. Mit der Kombination Schnurrbart/Pullunder konnte er es sicher ins *Vice*-Magazin schaffen, aber an den Kühlschrank würde ich mir so ein Bild nur hängen, wenn ich radikal abnehmen wollte.

Ich fragte: »Hast du keinen Einfluss darauf, wie dein Exfreund sich kleidet?«

Sie sagte, das gehe jetzt wieder, das sei retrocool.

Wir saßen an ihrem Tisch und dann auf der Couch und dann auf ihrem Bett. Als wir uns so nahe waren, dass jetzt eigentlich nur noch das Küssen kommen konnte, da zeigte mir Doro ihr größtes Geheimnis.

»Früher hatten das alle Frauen«, sagte sie, während sie eine Holzkiste unter dem Bett hervorzog. Und eins nach dem anderen herausholte: das Besteck, die Kaffeemaschine, die Kissenbezüge, das Bügeleisen. Wer sie einmal heirate, dem gehöre das alles. Sie sammele schon, seit sie sechs sei. Grundsätzlich hielt ich es für eine gute Idee, dass Doro wichtige Gegenstände in einer Kiste wegschloss, so konnte wenigstens nichts verloren gehen.

Ich fragte: »Ist das auch retrocool?«

Sie sagte »Blödmann«, und wir stießen uns ein wenig hin und her. Sie übertrieb es, ich fiel vom Bett und knallte mit dem Kopf auf den Parkettboden.

Ich war so verliebt, ich wollte Straßen nach ihr benennen.

Die nächsten Wochen verbrachten wir viel Zeit zusammen, und ich schaffte es nicht, entscheidende Schritte einzuleiten. Mich zu überwinden. Außerdem gähnte sie manchmal in meiner Gegenwart. Doro sagte, das sei ein Zeichen von Entspanntheit. Aber ich war skeptisch. Wer verliebt ist, sollte doch in der Gegenwart des anderen nicht entspannt sein, sondern unheimlich aufgeregt. So wie ich.

Im Laufe der Jahre habe ich mir ein ausgefeiltes Regelwerk zurechtgelegt. Bestehend aus Codes und Signalen und wie ich sie zu interpretieren habe. Wenn du zum Beispiel eine Frau anmailst, und ihre Antwort endet nicht mit einer Frage an dich, dann ist leider davon auszugehen, dass sie kein gesteigertes Interesse an dir hat. Wenn du sie zwei Mal zu einer Verabredung einlädst und sie nicht zusagt und auch keinen Gegenvorschlag macht, dann frage sie bloß kein drittes Mal. Über manche meiner Regeln könnte man diskutieren, manche grenzen vielleicht an Aberglauben, doch die folgende stimmt, die ist von einem guten Freund. Sie lautet: Wenn dir etwas komisch vorkommt, dann ist es auch komisch.

Ich setzte mir Deadlines, bis wann ich die Lage klären wollte. Ich ließ sie alle verstreichen. Ich schwor mir, sie auf jeden Fall vor ihrem Geburtstag anzusprechen, doch dann wurde ich krank und dachte, mir fehle die Vorbereitungszeit.

Ein bisschen Lebensuntüchtigkeit ist wohl dabei. Im Prinzip ist es dasselbe wie mit den Briefen von Vattenfall. Jeden Monat bekomme ich eine Mahnung, weil ich meinen Vorausabschlag nicht bezahlt habe. Weil ich es nicht schaffe, einen Dauerauftrag einzurichten. Jeden Monat muss ich deshalb 3,10 Euro allein an Mahngebühren bezahlen. Das sind 37,20 Euro im Jahr, und dabei habe ich meinen Freunden doch sowieso längst erzählt, ich sei zu einem Ökostromanbieter gewechselt. Dinge nicht geregelt kriegen, darin bin ich ganz gut.

An ihrem Geburtstag lernte ich Jochen kennen. Live wirkte er noch unsympathischer als auf dem Foto.

Ich schenkte Doro eine Teflonpfanne und eine Fusselrolle, zum Wegschließen in die Mitgifttruhe. Ich glaube, sie war ein bisschen gerührt. Wir machten Raclette und ich war drei Stunden lang an den Platz neben Jochen gefesselt. Am Ende des Abends war ich überzeugt: Wenn sie es mit dem Mann ausgehalten hatte, konnte sie es auch mit mir probieren.

Ich erklärte mich ihr gleich am nächsten Abend.

»Na ja«, sagte Doro. Eigentlich sei sie ja noch mit Jochen zusammen. Also nicht wirklich, aber doch irgendwie. So alle paar Wochen mal wieder. Gestern Nacht zum Beispiel.

Ich sparte mir die Frage, ob das jetzt retrocool sei. Stattdessen stellte ich sie vor die Wahl. Erlösung oder Verderben. Ich oder er.

Sie sagte nur: »Komm mal klar.«

Ich hatte keine Chance gegen Jochen. Ich fürchte, irgendwann darf er meine Fusselrolle benutzen.

Meine Zeit wird kommen

Rafael (34), Koch, Schwerin
über
Natalie (31), Verwaltungsbeamtin, Schwerin

Mein Verhältnis zu Natalie ist wie die Musik von Scooter: seit zehn Jahren dasselbe und keine Aussicht auf Besserung. Ich bin ganz sicher, dass wir zusammengehören. Und sie ist ganz sicher, dass ich mich irre.

Ich sage: »Du bist Fisch, ich Skorpion, eine bessere Kombination gibt es nicht.«

Sie sagt: »Es heißt nicht Fisch, sondern Fische. Und Skorpione sollten besser sowieso nicht an Astrologie glauben, die kommen da nämlich schlecht weg.«

Im Grunde kann ich selbst nicht glauben, dass dieses Drama schon zehn Jahre dauert. Zehn Jahre, in denen ich Natalie liebte und sie nacheinander diverse Männer, die total verschieden waren und absolut nichts gemeinsam hatten. Außer dass sie eben alle nicht ich waren.

Ich sage: »Wenn wir jetzt schnell zusammenkommen und zügig heiraten, können wir noch die goldene Hochzeit schaffen.«

Sie sagt: »Glaub mir, Rafael, du willst mich nicht heiraten. Das würdest du gar nicht aushalten.«

Ich weiß genau, dass wir die perfekte Kombination sind. Eine, wie sie sich vielleicht einmal in tausend Jahren ergibt, wenn überhaupt. Aber was macht man, wenn der Topf seinen Deckel nicht erkennt?

Ich sage: »Bienchen und Blümchen sind doch auch recht verschieden, und trotzdem passen sie zusammen.«

Sie sagt, der Vergleich hinke ja wohl, schließlich könne sich das Blümchen seine Biene nicht aussuchen.

Wir sprechen oft über uns und unsere Perspektiven, nur hält sie es inzwischen für einen Running Gag. Und mir ist es immer noch ernst.

Es gibt viel Gutes über Natalie zu berichten. Man weiß gar nicht, wo man anfangen soll. Zum Beispiel ist sie so groß. Sie sagt, es seien 1,81 Meter, doch ich weiß, dass es mehr sind. Ich habe ihren Perso gesehen. Es gibt nicht viele Frauen, die ich fast auf Augenhöhe küssen kann, ohne dass sie sich auf Zehenspitzen stellen oder auf der Rolltreppe eine Stufe über mich.

Natalie hat auch ein riesiges Herz. Sie steht immer auf der Seite der Schwachen und Unterdrückten. Sie kennt zwanzig gute Gründe gegen den Walfang und kann sie so vortragen, dass es nicht belehrend wirkt. Wenn Natalie mit einem fertig ist, glaubt man wieder an den Sinn von Mülltrennung.

Wir lernten uns an der Volkshochschule kennen. Französisch für Anfänger. Ich war viel besser und auch viel verliebter, und so half ich ihr bei Passé composé und Futur simple.

Es dauerte drei Jahre, bis ich ihr zum ersten Mal meine Liebe gestand. Das liegt daran, dass ich alles ewig vor mir herschiebe, was nicht unbedingt sofort erledigt werden muss. Ich bin ein Meister des Verschleppens. Steht eine unangenehme Aufgabe an, ordne ich lieber erst meine zweihundert CDs in alphabetischer Reihenfolge. Und wenn ich fertig bin, fange ich von vorne an und sortiere sie nach dem Jahr, in dem ich sie gekauft habe. Manchmal bin ich so gerissen, dass ich mir Aufgaben ausdenke, die ich erledigen muss, bevor ich mich den Aufgaben zuwenden kann, die ich vorgeschoben habe. Dann kann ich nicht mal die CDs sortieren, weil ich erst die Wand in der Küche streichen muss.

Als ich Natalie also das erste Mal sagte, dass so eine Freundschaft ja im Prinzip wunderschön sei, aber leider nur für den, der nicht *mehr* wolle, da begriff sie sofort.

»Das kommt jetzt ein bisschen überraschend«, sagte sie.

»Findest du?«

»Ja. Finde ich.«

»Entschuldigung.«

»Kein Problem. Wollen wir morgen darüber reden?«

Wir haben uns dann darauf geeinigt, dass eine Freundschaft besser ist als gar nichts. Als ich ihr ein Jahr später zum zweiten Mal meine Liebe gestand, zeigte sie wieder großes Verständnis. Aber immer noch keine Gefühle.

Ein paar Mal ist es noch ähnlich abgelaufen. Beharrlichkeit und Ausdauer sind leider keine Attribute, die Frauen anziehend finden.

Ich hatte in den zehn Jahren natürlich auch Beziehungen. Mirka, Nina und Ulrike, und das ist nur die Shortlist. Keine von ihnen habe ich wirklich geliebt. Und jede hätte ich sofort gegen Natalie eingetauscht. Sie hätte bloß ein einziges Wort sagen müssen.

Früher dachte ich, ich würde mit 25 heiraten und mit 30 hätte ich bereits zwei Kinder. Ich habe Opa versprochen, dass er seine Urenkel erleben wird, und jetzt ist er schon 84.

Ich glaube, kein Mann kennt Natalie besser als ich. Keiner kommt besser mit ihren Macken zurecht. Mit ihren fettigen Brillengläsern zum Beispiel. Sie sagt zwar, sie sehe genug, aber manchmal denke ich, dass sie mich vielleicht nur deswegen nicht als das erkennt, was ich bin: von Kopf bis Fuß für sie geschaffen.

Ich liebe ihre Eigenarten. Die kleinen Flaumhärchen um ihren Mund könnte man böswillig und überspitzt als Ansatz eines Damenbartes bezeichnen. Ich kann das ab. In Zeitschriften, die

Natalie in die Finger bekommt, malt sie zwanghaft allen darin abgebildeten Menschen Brillen in die Gesichter und neue Frisuren auf die Köpfe. Ich kann das ab. Sie verdreht auch dauernd Worte und verwechselt Begriffe, einmal fragte sie mich, wer denn dieser Dieter van Teese sei, und neulich wollte sie in Hamburg das Benno-Ohnesorg-Theater besuchen. Ich kann das ab.

Früher dachte ich, die Zeit würde für mich arbeiten. Männer werden schließlich attraktiver, wenn sie auf die dreißig zugehen. Wenn Natalie sich ausgetobt hat, kommt sie zur Besinnung. Und dann werden wir ein Paar, zeugen Kinder und gründen eine glückliche, weiße Cosby-Familie. Der Sohn heißt Sven-Ole und die Tochter Jamira, aber wenn Natalie sich einen Namen aussuchen möchte, wäre das auch in Ordnung.

»Wenn man die dreißig überschreitet und nicht fest mit einer Frau zusammenlebt, wird man automatisch kauzig«, sagt mein kleiner Bruder. Man könne nichts dagegen tun. Ich trage gerne Nadelstreifensakko mit Kapuzenpulli, und das sei in Ordnung, sagt er. Solange man 17 sei.

Zu Weihnachten hat mir meine Mutter einen Plastikhund geschenkt, der bellt, sobald sich etwas bewegt. Sie meint, ich soll das Ding im Flur aufstellen, damit mich wenigstens einer begrüßt, wenn ich abends nach Hause komme.

Es heißt ja, dreißig sei das neue zwanzig, schon klar. Das sagen aber komischerweise immer nur die Dreißigjährigen. Ich erwische mich dabei, wie mir Sätze herausrutschen wie: »Samstagnachmittags ist es mir echt zu voll in der City.« Neulich hätte ich meinen Neffen um ein Haar mit den Worten »Bist du aber groß geworden« begrüßt. Manchmal denke ich, früher war ich jünger.

Ich hatte seit zwei Jahren keine Freundin mehr. Man sollte meinen, eine solche sexuelle Durststrecke würde einen dazu bringen, seine Ansprüche zu senken. Das Gegenteil ist der Fall. Ich könnte mich nie in eine Frau verlieben, die zu laut lacht, die kein Hochdeutsch spricht oder immer mit vollem Mund. Ich könnte keine Frau lieben, die nicht Natalie heißt. Es sind noch zehn Jahre bis zu meiner ersten empfohlenen Prostatauntersuchung.

Ich sage: »Was hast du gegen das Sternzeichen Skorpion? Das steht doch für Ehrgeiz und Leidenschaft und unbändige Kraft.«

Sie sagt: »Skorpione sind dominant und unnachgiebig, und ihr Motto ist: Ich begehre.«

Ich sage: »Alain Delon war Skorpion.«

Sie sagt: »Joseph Goebbels war auch Skorpion.«

Wenn ich meine Gefühle abstellen könnte, würde ich es tun. Wenn ich eine andere Frau attraktiver finden könnte, würde ich es tun. Ich weiß, es geht anderen genauso. Ich bin Stammleser bei *herzschmerz-community.net.*

Vor einem halben Jahr habe ich noch einmal einen Anlauf gewagt. Natalie sagte, sie müsse jetzt etwas deutlicher werden, es sei wohl in unser beider Interesse. Also sagte sie: »Nie im Leben.«

Ich gebe trotzdem nicht auf, dafür habe ich einfach zu viel Liebe zu geben. Es besteht eine gewisse Restwahrscheinlichkeit, dass sie es doch noch begreift. Hoffentlich vor der Menopause. Mein Bruder sagt, das sei keine Lebensplanung, das sei ein Desaster. Doch selbst wenn es noch vierzig Jahre dauert, bis Natalie es einsieht. Ich werde zumindest sagen können: An mir lag es nicht.

Andere müssen da auch durch

Dirk (32), IT-Dienstleister, Frankfurt am Main
über
Nadine (29), BWL-Studentin, Frankfurt am Main

Zu viele Männer machen sich einen Kopf darum, ob sie bei Frauen gut ankommen oder nicht und wie sie möglichst nie eine Abfuhr bekommen. Das ist der grundfalsche Ansatz. Es geht im Leben nicht darum, die Anzahl der Körbe zu minimieren, sondern die Zahl der Erfolge zu maximieren.

Es ist so: Abfuhren sind eine zwangsläufige Begleiterscheinung, die man hinnehmen muss, die nichts zu bedeuten hat außer der Tatsache, dass eine Frau zu einem bestimmten Zeitpunkt in einer bestimmten Situation keinen Sexualkontakt mit einem bestimmten Mann haben will. *So what?* Dafür kann es haufenweise Gründe geben, die nichts mit einem selbst zu tun haben. Man darf Niederlagen nicht persönlich nehmen, das führt zu nichts. Und es hilft, sich vor Augen zu halten, dass so etwas jeden Tag und überall auf der Welt tausendfach passiert, wahrscheinlich auch jetzt genau in diesem Augenblick.

Verheimlichte Gefühle sind wie eingewachsene Barthaare: Zuerst sieht man nichts, aber im Innern wehrt sich der Körper, und irgendwann wird es eitrig und eklig. Wer sich hingegen früh offenbart, hat kaum Liebeskummer, weil er die Frauen in einem

Stadium zur Entscheidung zwingt, in dem er selbst noch nicht hoffnungslos verknallt ist. Liebeskummer trifft nur die Schwachen. Diejenigen, die sich bereits reingesteigert haben, die sich wochenlang ausgemalt haben, wie schön alles sein könnte, wie man händchenhaltend an Seeufern entlangflanieren und sich nach wechselseitigem Rezitieren von Klopstock-Gedichten bei Sonnenuntergang auf der Freitreppe des Montmartre lieben würde.

Meine Einsicht verdanke ich Kurt Molzer. Das ist ein Journalist aus Österreich, der sich vor Jahren auf einen spektakulären Selbstversuch eingelassen hat. Er fragte in Hamburg, Berlin und München insgesamt hundert Frauen auf offener Straße, ob sie nicht mit ihm schlafen wollten. Ohne langes Flirten, ohne irgendwelche Strategien. Bloß ein nettes Kompliment und dann die Frage. Die ersten 17 wollten nicht, aber schon Nummer 18 stimmte zu. Und Nummer 25. Und die 34. Am Ende waren von hundert Frauen fünf bereit, mit Herrn Molzer unverzüglich in die Kiste zu steigen. Er hätte noch eine weitere haben können, aber die erschien ihm bei genauem Hinsehen zu alt.

Nun könnte man denken, der Mann hat 94 Abfuhren kassiert, wie kann der morgens noch in den Spiegel sehen? Viel richtiger finde ich aber den entgegengesetzten Ansatz. Kurt Molzer hat in kurzer Zeit sechs willige Frauen kennengelernt, dafür brauchen andere ein halbes Leben; im Prinzip ist es dasselbe wie mit dem halb vollen oder halb leeren Glas, und ich für meinen Teil habe mich entschieden. Viele Körbe plus viele Liebschaften sind besser als von beidem zu wenig.

Bis vor ein paar Jahren dachte ich noch anders. Da hatte ich wahnsinnige Angst. Vor Panik habe ich so lange gewartet, bis das Mädchen einem anderen Typen an den Lippen hing, oder mich erst getraut, als der Korb richtig schmerzte. Damals hatte ich meinen Molzer noch nicht gelesen.

Ein besonders schlimmer Fall war Nadine. Sie sah aus wie eine gelungene Mischung aus Nana Mouskouri und Megan Fox, von der einen die Brille und von der anderen den Rest. Nadine ist Manuels kleine Schwester, und Manuel ist mein bester Freund seit der Grundschule. Früher kannte ich Nadine nur als Störenfried: drei Jahre jünger, zu nichts zu gebrauchen, aber anhänglich wie eine Klette. Als Teenager mussten wir sie mit zum Bolzplatz nehmen, Manuels Eltern bestanden darauf, sie ließ sich auch nicht als Trainer am Spielfeldrand abstellen, sie wollte mitkicken. Ich gestehe, ich habe sie öfter gefoult. Nicht mal Blutgrätschen schreckten sie ab.

Als Nadine in die Pubertät kam, wurde sie unerträglich. Sie störte uns beim Computerspielen, peinigte uns mit Haddaway aus dem Nebenzimmer. Während meines Studiums verlor ich etwas den Kontakt zu Manuel und damit zum Glück auch zu seiner Schwester, er war nach Berlin gezogen, ab und zu rief er an, unsere Gespräche kreisten um die üblichen Themen: Was machst du und wie läuft es mit den Frauen. Über Nadine verloren wir kein Wort.

Dann zog Manuel zurück nach Frankfurt. Eine Privatbank hatte ihm einen Job angeboten, sofort blühte unsere Freundschaft wieder auf. Wir gingen gemeinsam in Kneipen, schauten sonntags den *Tatort*, alles wie früher. Eines Abends hingen wir in seiner Wohnung, als jemand an der Tür klopfte. Es war Nadine. Unfassbar, wie aus der nervigen kleinen Schwester eine bildhübsche Frau werden konnte. Die Made war zum Schmetterling gereift.

»Ich wollte nicht stören«, sagte sie. »Bin auch gleich wieder weg.« Sie winkte mit einem Bildband in der Hand, den wollte sie Manuel zurückbringen.

»Unfug«, sagte ich. »Du störst doch nicht.«

Wir bestellten Sushi beim Lieferservice und öffneten eine Flasche Wein, ich wunderte mich über Manuel, dass er mir die wundersame Metamorphose seiner Schwester vorenthalten hatte. Oder hatte ich bloß nie zugehört? Wie sich herausstellte, war Nadine bestens informiert darüber, was ich in den letzten Jahren getrieben hatte, sie wusste von meinem Informatik-Studium, vom Posten in der IT-Firma, sogar von einigen meiner Frauengeschichten, Manuel hatte sie auf dem Laufenden gehalten.

Ich dagegen wusste rein gar nichts über Nadine und musste sie regelrecht ausfragen. Sie studierte noch, Betriebswirtschaft im neunten Semester, davor hatte sie eine Zeitlang als Kellnerin in Frankreich gejobbt. Manuel hielt sich an diesem Abend auffällig zurück, es schien ihm fast unlieb zu sein, dass ich mich plötzlich so gut mit seiner Schwester verstand. Als sie kurz auf Toilette verschwand, wurde er deutlich. »Nadine ist nichts für dich.«

Ich hatte schon länger nicht mit einer Frau geflirtet. Im Büro schob ich eine Sechs-Tage-Woche nach der anderen, da fehlt die Kraft, abends groß in Clubs zu gehen. Das intimste Gespräch der letzten Wochen hatte ich mit der Kassiererin im Supermarkt geführt, als sie mich fragte, ob ich Treueherzen sammle. Außerdem fiel mir das Ansprechen fremder Frauen deutlich schwerer, seit ich mit dem Rauchen aufgehört hatte. Hast du Feuer, willst du Feuer, hast du Kippe, willst du Kippe. Fiel jetzt alles weg.

Ich wollte von Manuel wissen, warum ich mich seiner Meinung nach von Nadine fernhalten sollte. Er sagte, sie würde in einer anderen Liga spielen, nämlich in einer, in die ich nie kommen würde.

Ich hatte keine Ahnung, was er meinte. War sie lesbisch?

Die nächsten Wochen versuchte ich, Nadine aus meinem Kopf zu bekommen. Was natürlich nicht klappte, weil es nie klappt, wenn es sein muss.

Ich bin ein Mann, der viele Wünsche hat. Die meisten werden nie in Erfüllung gehen. Ich wünsche mir eine Kaffeemaschine, bei der man hinterher nicht die Düse für den Milchschaum reinigen muss. Ich will drei Wohnorte gleichzeitig haben und meine *Vanity Fair* zurück. Ich wünsche mir, dass ich jeden Morgen schon beim Aufstehen nach frischen Erdbeeren rieche. Ich will Tierfilme, bei denen kein altes Gnu sterben muss, ich will mit einer Frau schlafen, die squirten kann.

Nichts davon reichte an den Wunsch heran, Nadine näher kennenzulernen. Ich hatte Flugzeugträger im Bauch.

In Indonesien leben die Makassar-Stämme, bei denen gilt Verliebtheit als Krankheit, und Herzklopfen und weiche Knie sind Symptome, die dringend bekämpft werden müssen. Wenn ein Stammesmitglied verliebt ist, geht er zum Heiler und lässt sich kurieren. Mir kam das sehr plausibel vor, und ich war von meiner Krankheit schon arg gezeichnet.

Das ist ein schlimmes Gefühl. Als wäre man gefangen, und man kann nicht einfach fliehen. So muss sich Geiselhaft anfühlen. Was macht eigentlich Renate Wallert heute?

Ich musste zu Nadine Kontakt aufnehmen, nur wie. Ihr Bruder würde mir wohl kaum ihre Telefonnummer geben, also suchte ich im Internet, fand aber nichts. Schließlich ging ich zur Uni und fragte mich durch. Es muss seltsam gewirkt haben, wie ich durch die Gänge schlich und wildfremde Studenten ansprach. Doch ich hatte Glück, eine behauptete, mit Nadine befreundet zu sein. Die Handynummer wollte sie mir nicht geben, aber sie versprach, meine weiterzuleiten. Nadine rief noch am selben Tag an, wir verabredeten uns auf einen Kaffee.

Ich überlegte, ob ich etwas Figurbetontes anziehen sollte. Von vorne hätte das Sinn gemacht, mein Problem lag eher auf der anderen Seite. Da verbreitete sich etwas zunehmend, ich denke, das geht vielen Männern so, die auf die dreißig zugehen. Ein Freund sagt, Kniebeugen könnten helfen, aber mit körperlicher Betätigung geht es mir so wie mit günstigen Telefonvorwahlen: Ich weiß, dass es sie gibt, ich weiß, dass sie mir guttun würden, aber wenn es darauf ankommt, verzichte ich doch lieber. Am Ende entschied ich mich für ein das Gröbste verdeckendes Sakko. Vermutlich etwas overdressed für das »Stattcafé«. Eigentlich mag ich keine Lokalitäten mit Wortspiel im Namen, mein Bier würde ich niemals in einer »Sonderbar« trinken und meine Frisur garantiert nicht in einem Salon namens »Haarscharf« oder noch schlimmer »Haarmonie« richten lassen, aber Nadine hatte es vorgeschlagen, also trafen wir uns dort.

Nadine verhielt sich recht still, und genau so mag ich es. Überdrehte Frauen schrecken mich ab. Wenn es auf der Welt eine Fernsehsendung gibt, der ich einen tatsächlichen und nachhaltigen Erkenntnisgewinn verdanke, weil sie mir wahrhaftige, oft verstörende Einblicke in das Wesen der Frauen gewährte, dann ist das mit Sicherheit *Gülcan und Collien ziehen aufs Land*. Zwei Moderatorinnen versuchen sich als Hilfskräfte auf einem bayerischen Bauernhof, und während die eine ununterbrochen plappert, quält sich die andere jeden Morgen um halb fünf aus dem Bett, schmeißt den gesamten Hof, freundet sich mit der Bauernfamilie an, hilft dem kleinen Markus bei seinen Hausaufgaben und ist sich nicht zu schade, mit ihren Modelhänden im Kuhmist zu wühlen. So sehr man das Vorhandensein eines Bewusstseinsstroms bei jedem Menschen begrüßen sollte, eine Frau, die zwischen Denken und Sagen unterscheidet, ist mir bei weitem lieber.

Nadine war Collien ähnlich, jedenfalls war sie so schweigsam. Sie wollte wissen, warum ich nicht einfach Manuel nach ihrer Nummer gefragt habe, woraufhin ich mich herauszureden versuchte, ihr Bruder sei nicht ans Handy gegangen und ich sowieso gerade in Uninähe gewesen, was insgesamt so glaubwürdig geklungen haben muss wie die Ausrede, man sei bloß zufällig auf dieser Bukkake-Party gelandet.

Sie krempelte den linken Ärmel ihres Pullovers hoch und zeigte mir eine etwa drei Zentimeter lange Narbe. »Hier guck mal, weißt du noch? Die hast du mir damals auf dem Bolzplatz verpasst.« Ich konnte mich nicht erinnern, welches Foul sie meinte, dafür waren es zu viele. Aber es tat mir aufrichtig leid.

Ich sagte ihr nette Dinge. Wie angenehm es schon damals mit ihr gewesen sei, wie sehr ich mich über unser Wiedersehen gefreut habe. Irgendwann gipfelte es in der Bemerkung, ich habe in den letzten Wochen viel über uns nachgedacht und es sei wohl nicht zu übersehen, dass sich zwischen uns einiges geändert habe ... Sie ging rigoros dazwischen: »Ach Quatsch, du bist immer noch wie ein Bruder für mich.«

»Häh?«

»Ja klar. Und das wirst du auch immer bleiben.«

Wie ein Bruder. Die dümmste Abfuhr der Welt. Ich hatte Nadine ihre Kindheit und halbe Jugend hindurch wie Dreck behandelt, hatte Türen hinter ihr zugeschlagen und Schimpfwörter für sie erfunden. Wenn sie das auch nur im weitesten Sinne für Bruderliebe hielt, stimmte mit dieser Frau etwas nicht.

Nadine fiel ein, dass sie sich noch auf irgendeine Klausur vorbereiten musste. Ich blieb sitzen und suhlte mich in den Trümmern meiner geplatzten Hoffnungen. Manuel hatte mich vorgewarnt.

All You Can Dance

Markus (31), Grundschullehrer, Marburg
über
Corinna, damals Statistin, Hamburg

M it Anfang zwanzig hat man noch Träume. Ich wollte Schauspieler werden. Ich dachte, ich hätte Talent, zumindest so viel wie Til Schweiger, und der war damals, Ende der Neunziger, schon ein richtiger Star. Am liebsten hätte ich eine Schauspielschule besucht, aber dort kann man sich nicht einfach einschreiben und loslegen. Es gibt zu viele Bewerber, die sich ebenfalls für talentiert halten, zumindest für so talentiert wie Til Schweiger. Deshalb führen die renommierten Schulen aufwendige Auswahlverfahren durch, und es gilt schon als Erfolg, wenn man es nur in die Endrunde einer Bewerbungsphase schafft. Ich stellte mich in Berlin, Hamburg und Wien vor, in München sogar zweimal. Überall wurde ich abgelehnt.

Trotzdem hatte ich damals noch Hoffnung. Ich wollte es unbedingt ins Business schaffen, zur Not über einen Quereinstieg: als Statist bei Filmdrehs.

Statisten werden am Set immer gebraucht, sie müssen im Hintergrund stehen, durchs Bild laufen, teilnahmslos auf einer Parkbank sitzen oder in einer Kneipenkulisse an einem Glas Limonade nippen. Mit etwas Glück machen sie ihren Job so gut, dass ein

Regisseur auf sie aufmerksam wird, genau so wollte ich es schaffen – und den Schauspielschulen dieses Landes beweisen, dass die Ablehnungsgründe »unsaubere Aussprache« und »begrenzte mimische Fähigkeiten« keine Hindernisse auf dem Weg zu einer veritablen Filmkarriere darstellen.

Meine Eltern fanden den Plan weniger erfolgversprechend, und da sie für meinen Unterhalt aufkommen sollten, schlossen wir einen Kompromiss: Zum Wintersemester 1998 schrieb ich mich an der Hamburger Uni im Fach Pädagogik ein, offiziell studierte ich jetzt also, die Statistenjobs machte ich nebenher. Damals wurden am Fachbereich noch keine Anwesenheitslisten geführt, es fiel nicht auf, wenn ich tageweise fehlte. Ich hatte eine Menge Statistenjobs, meistens für Studio Hamburg, und ich war ausgelastet und glücklich und quasi kurz vor dem Durchbruch. Bis der Dreh auf dem Reiterhof kam.

Die Schule am See war eine ARD-Jugendserie über eine Bande moralisch verkorkster Schüler auf Schloss Lüttin, einem Internat mit reizendem Seeblick. Alle Hauptdarsteller trugen coole Spitznamen, Alf, Lolle, Grobi, es ging um die erste Liebe und Mobbing, und die neue Lehrerin verliebte sich natürlich prompt in den Sportlehrer. *Dr. Specht* für Arme. Als Kulisse hatte man das Schloss Plön in Schleswig-Holstein ausgewählt, dort fanden auch die meisten Dreharbeiten statt, aber durch einen Freund erfuhr ich, dass für eine Szene in Hamburg noch Komparsen gesucht wurden. Meine Chance, mich in einer großen ARD-Produktion zu beweisen. Ich bewarb mich und bekam den Job.

Meine Rolle hörte sich nicht sonderlich kompliziert an: Ich sollte einen Schüler auf einer Open-Air-Party mimen, im Wesentlichen also tanzen. »Moderne Kleidung« wurde verlangt, ansonsten brauchte ich mich nicht weiter vorzubereiten.

Der Dreh fand auf einem Reiterhof im Westen Hamburgs statt, einen Shuttle-Service aus der Innenstadt gab es nicht, also fuhr ich mit dem Fahrrad raus. Es sollte erst mittags losgehen, ich war eine halbe Stunde zu früh da, um einen professionellen Eindruck zu machen, leider fühlte sich keiner für mich zuständig, der Kameramann schraubte an seiner Linse, die Schauspieler gingen ihre Texte durch und die Produktionsassistentin war noch gar nicht anwesend. Immerhin standen mehrere Busse am Straßenrand, einer war als Aufenthaltsraum für die Statisten gedacht. Ich setzte mich rein und wartete. Das ist eine Aufgabe, die ein guter Statist souverän beherrschen sollte: warten und dabei niemandem auf die Nerven fallen. An einem Filmset sind ständig Auf-, Ab- und Umbauten nötig, mal muss ein Teil an der Kamera ausgetauscht werden, mal muss der Regisseur eine seiner Neurosen ausleben. Als Statist hast du ständig Leerlauf, da kann man leicht ungeduldig werden, gerade wenn man so ambitioniert ist wie ich.

Nach und nach traf der Rest des Teams ein. Es waren etwa sechs Schauspieler, die Schüler vom Schloss Lüttin, dazu zwanzig Statisten. Die meisten studierten im echten Leben, aber sie sahen ihre Minirolle im Gegensatz zu mir nicht als Sprungbrett, ihnen ging es um die siebzig Mark Tagesgage.

Eine von ihnen war Corinna. Es dauerte eine Weile, bis ich sie überhaupt bemerkte, ich brauche grundsätzlich etwas länger als andere, bis ich alle anwesenden Frauen gespottet habe und merke, ob eine für mich interessant sein könnte. Corinna saß im Bus zwei Reihen vor mir und wartete. Sie hatte einen Gameboy mitgebracht und vertrieb sich die Zeit mit »Super Mario Land«.

Wie gesagt, der Dreh ist inzwischen mehr als zehn Jahre her, und aus Gründen, die ich noch darlegen werde, habe ich heute keinen Kontakt mehr zu dieser Frau. Aber unser erstes Gespräch hat sich in etwa so abgespielt:

»Hallo.«

»Na?«

»Sag mal, wenn du nachher alle Leben verloren hast, kann ich dann auch mal spielen?«

»Das wird nicht passieren. Ich spiele mit Cheats.«

Ich war beeindruckt. Eine Frau, die »Super Mario Land« zockte und dabei auch noch schummelte, das war kein Zeitvertreib, sondern eine Lebenseinstellung. Normalerweise interessieren sich Frauen maximal für »Tetris«, wenn überhaupt.

Wäre es nach mir gegangen, wir hätten sofort geheiratet. Ich setzte mich dreist zwei Reihen nach vorne, sie drückte den Pausenknopf und unterhielt sich mit mir. Ab diesem Moment waren wir unzertrennlich. Ich weiß nicht mehr, worüber wir im Einzelnen sprachen, ich glaube, erst lästerten wir über die Filmcrew, die es nicht schaffte, mit ihrem Dreh pünktlich zu beginnen, und uns bisher nicht mal offiziell begrüßt hatte. Und wir verrieten uns gegenseitig, was wir mit den siebzig Mark Gage vorhatten: Ich würde mir eine Stunde Schauspielunterricht gönnen, Corinna wollte sich ein Handy kaufen, natürlich Prepaid, Verträge gingen damals gar nicht, vor denen musste man sich in Acht nehmen, das wusste doch jeder, Ende der Neunziger. Ich besaß damals überhaupt kein Handy und auch keinen MP3-Player, bloß einen Audio-Walkman mit lustigen Plastikrädchen an der Seite. Das glaubt einem heute ja auch keiner mehr.

Corinna war reizend. Ihr Gesicht zierten erstaunlich viele Muttermale, ich fragte mich, ob wohl ein geheimes Zeichen herauskäme, wenn man alle Punkte mit Edding verbände. Als wir nach einer Stunde aus dem Bus geholt wurden, waren wir bereits engste Vertraute. Die Produktionsassistentin wies uns ein: Wir sollten auf einer Wiese stehen und uns rhythmisch bewegen, während die echten Schauspieler ein paar Meter entfernt beisammen standen und ihre Texte aufsagten.

Ich trug T-Shirt und Schlaghose, so eine aus breitgeripptem Cord, wie man sie schon kurz nach dem Millennium nur noch in vermieften Secondhandläden fand. Corinna ein längeres Kleid. Wir legten los und kamen schnell an den Rand unserer Kräfte. Die Filmleute hatten nur eine Kamera, das hieß, sie mussten jede Szene mehrfach wiederholen und aus unterschiedlichen Perspektiven drehen, damit sie das Material hinterher zu einem flotten Schnitt zusammenbasteln konnten. Bei den Positionswechseln wurden jedes Mal Beleuchtung und Ton neu ausgerichtet, dazu kam, dass sich der Kameramann so wichtig nahm, als wäre er Michael Ballhaus. Überhaupt hatten alle am Set überbordende Egos. Nur die Statisten wurden wie Menschen zweiter Klasse behandelt, die Schauspieler sprachen nicht mit uns, der Regisseur auch nicht, wir durften uns nicht mal beim Catering bedienen, für uns war der wacklige Tisch mit Wurstbroten gedacht. Das ist in der Branche leider keine Ausnahme, in meiner Zeit als Statist habe ich eine Menge Sets erlebt, und der Einzige, der mich korrekt behandelt hat, war Fatih Akin. Leider hat auch er mir keine Hauptrolle angeboten.

Auf dem Reiterhof war die Stimmung mies. Immerhin durften wir uns zurück in den Bus setzen, als es zu regnen begann. Wir warteten, und wegen mir hätte dieser Regen niemals enden müssen, denn genau hier wollte ich sein, neben Corinna. Sie sagte, dass ich gut tanzen könne, und ich sagte, dass sie noch viel besser tanzen könne. Aus Langeweile hatte sie auf der Wiese Gänseblümchen gepflückt, und jetzt knotete sie die zu einer Kette zusammen.

Später nahmen wir uns Servietten vom Buffet und fingen an, Origami zu falten. Wir hatten zwar noch keine Telefonnummern ausgetauscht, aber immerhin verabredet, dass wir genau das tun würden. Ich sehnte mich wirklich nach einer neuen Beziehung, meine letzte war ein Desaster gewesen, die Frau gebieterisch und launisch. Im Rückblick kommt es mir vor, als wäre ich zwei Jahre lang mit Pol Pot gegangen.

Ich bin zwar kein Flirtspezialist, aber ich erkenne, wenn eine Frau Interesse hat. Corinna hatte Interesse, daran bestand kein Zweifel.

Wenn ich heute an diesen Tag zurückdenke, dann frage ich mich, wie die schöne Schlaghose je aus der Mode kommen und stattdessen die Röhrenjeans ihren unheilvollen Siegeszug antreten konnte. Vor allem aber frage ich mich, was wohl passiert wäre, wenn der Regen an diesem Abend nicht mehr aufgehört hätte.

Tat er aber, und der Dreh konnte weitergehen. Der Plot der folgenden Szene war recht simpel gestrickt, ich glaube, Grobi sollte sich etwas abseits der Wiese an einem nahegelegenen Baum übergeben. Wir sollten wieder tanzen, aber diesmal mit Kamera ganz dicht dran und auch einigen Schauspielern in unserer Nähe. Das war meine Chance. Ich musste jetzt an meine Karriere denken, wenn irgendwie möglich, musste ich auffallen, nur die Paradiesvögel schaffen es in diesem Geschäft.

Ich hatte noch ein zweites Kleidungsstück dabei. Einen Sarong, einen indischen Wickelrock, in Rot, Blau und Gelb. Ich gebe zu, heute könnte man damit wahrscheinlich kein großes Aufsehen mehr erregen, aber damals waren andere Zeiten, damals zählten Blowjobs auch noch nicht als Vorspiel und das Internet war ein komisches Dings, von dem einige meiner engsten Freunde überzeugt waren, es würde bald der Vergangenheit angehören wie Analphabetismus oder die Syphilis.

Ich zog den Sarong an und tanzte um mein Leben. Nicht irgendwo im Hintergrund, sondern immer ganz vorne bei der Kamera, ich drehte Pirouetten, schwang mit den Hüften, ließ ekstatisch die Arme kreisen. Die Village People waren gegen mich eine Stehtanztruppe. Ich tanzte so, wie es die hippen Weltenbummler auf Goa auf ihren Full Moon Partys tun. Ich schlängelte mich auch um Corinna herum, tanzte sie von allen Seiten an, zog sie in Richtung Kamera. Einmal bat mich die Produktionsassistentin, den Hauptdarsteller nicht zu verdecken, aber ansonsten schien es dem Team zu gefallen.

Corinna leider nicht. Sie sagte es nicht direkt, aber nach der letzten Klappe zeigte sie kein Interesse mehr an mir. Sie wollte weder mit mir nach Hause fahren, noch Telefonnummern austauschen, sie sagte, es sei besser so.

Die nächste Enttäuschung folgte ein halbes Jahr später, als die Sendung im Fernsehen ausgestrahlt wurde. Sie haben mich komplett rausgeschnitten, Einstellung für Einstellung so gewählt, dass ich nicht im Bild war. Kein Wunder, dass die Serie später eingestellt wurde. Meinen Traum, es bis nach Hollywood zu schaffen, habe ich bald aufgegeben. Dafür bin ich jetzt verbeamtet.

Schuld war nur der Bossa Nova

Mirko (26), Fotograf, Eschweiler
über
Steffi (27), Verkäuferin, Bielefeld

Keine Weibergeschichten auf Sylt. So lautete unsere Regel. Basti hatte vor kurzem eine Problembeziehung beendet, auf mich wartete zu Hause meine Freundin. Wir waren uns einig: Eine Woche lang sollte es nur um uns gehen, und alle Frauen auf der Insel würden weitestgehend ignoriert werden, so reizend sie auch sein mochten.

Ich lernte sie auf einem Schlagerabend in der »Wunderbar« kennen. Ich könnte töten für Schlagerpartys, sie sind praktisch die einzige Gelegenheit, sich außerhalb der Karnevalssaison öffentlich wie ein Vollhonk aufzuführen. Man darf hemmungslos trinken, grölen, Frauen antanzen, Männer umarmen, und man muss sich später für nichts entschuldigen. Man kann immer sagen: Es war doch Schlagerparty.

Die »Wunderbar« liegt auf halbem Weg zwischen Bahnhof und »Sylter Welle«, dem Schwimmbad in Westerland. Sie ist ziemlich klein, bei Tag käme man nie auf die Idee, dass dort abends so viele Leute reinpassen. Die Theke haben sie komplett in Grün gestrichen, daneben eine mannshohe Topfpalme hingestellt, und der Besitzer hat einige Helden seiner Kindheit an die Wände gemalt:

Papa Schlumpf, den Grashüpfer aus *Biene Maja*, Shir Khan aus dem *Dschungelbuch*.

Soviel ich weiß, läuft in der »Wunderbar« jede Nacht Schlager. Als Bedienung hätte ich Angst um mein Seelenheil, aber als Gast kann man hier bedenkenlos ein paar vergnügliche Abende zubringen. Für Basti und mich wurde der Laden schnell zum Stammlokal, die Ecke links neben dem Eingang gehörte uns. Wir kamen meistens um halb zehn, aßen Unmengen Gratis-Erdnüsse, feierten mindestens drei Stunden, und am nächsten Morgen waren wir heiser vom Mitsingen. Roland Kaiser. Gitte Haenning. Jürgen Drews. Wolfgang Petry. Es war die Hölle.

Nur einmal verlief der Abend ein bisschen anders. Weil sie da war. Sie lehnte am Tresen und unterhielt sich mit Freunden, vor allem aber war sie dunkelhäutig. Ich meine, so richtig dunkelhäutig. Ich wollte schon immer eine Afrikanerin als Freundin haben, meine Mutter sagt, das sei rassistisch, wenn man so sehr auf die Hautfarbe achtet und nicht auf die inneren Werte, aber andere Männer reduzieren Frauen auf Brüste oder Ohrläppchen oder gerade gewachsene Füße, wo bitte ist der Unterschied? Als Teenager ging ich drei Wochen mit einer Halbchinesin. Sie hieß Cho, doch meine Freunde nannten sie Yoko Ono, irgendwie stimmte die Chemie nicht zwischen ihnen. Ansonsten hatte ich mein Leben lang nur blasse deutsche Freundinnen. So wollte ich auf keinen Fall sterben.

Boris Becker verliebt sich ja quasi ausschließlich in dunkelhäutige Frauen. Er sagt, sie schmeckten und dufteten einfach anders. Nun mag man einwenden, dass wer sich in nicht-Filzbälle-betreffenden Fragen auf Boris Becker beruft, vermutlich sowieso einen an der Klatsche hat. Jedoch verfügt der Mann über einen Erfahrungshorizont, den man nicht einfach wegdiskutieren sollte. Seinem Freund John McEnroe versuchte Becker einmal klarzumachen, wie nachhaltig ihn seine erste Liebe zu einer dunkelhäutigen Frau geprägt habe. Er sagte: »Once you go black, you never go back.« Warum er sich dann später dennoch mit Sandy Meyer-Wölden einließ, kann ich mir nicht erklären. Dass die Verlobung nach nicht einmal drei Monaten gelöst wurde, passt dagegen ins Bild.

Die Frau in der »Wunderbar«, die mir meinen lange gehegten Traum nun erfüllen sollte, ahnte noch nichts von ihrem Glück. Ein Begleiter versuchte gerade, sie zum gemeinsamen Marianne-Rosenberg-Gedenkschunkeln zu motivieren, aus den Boxen nölte es: »Marleen, eine von uns beiden muss nun gehn, Marleen.« Die Typen um sie herum waren langweilige Pfeifen. Zwei hatten sich ihre Pullis ausgezogen und mit den Ärmeln von hinten um die Taille geknotet. Wäre ich mit so einer Lady unterwegs, würde ich alles darauf verwenden, sie bei Laune zu halten. Zur Not würde ich mir Erdnüsse in die Ohren stecken und Handstand machen. Hauptsache, sie war glücklich.

In meinem Kopf ging ich verschiedene Anmachoptionen durch. Ich könnte eine Polonaise in ihre Richtung anzetteln und hoffen, dass sie sich direkt vor oder hinter mir einklinkt. Ich könnte sie so lange anstarren, bis sie mich bemerkte und hoffentlich rüberkäme, um ihrerseits eine Unterhaltung einzuleiten, das funktioniert aber nur in Ausnahmefällen. Letztlich entschied ich mich für eine andere, gerade bei sensiblen Männern populäre Taktik: Ich holte mir erst mal noch ein Bier. Alkoholtrinken kann zielführend sein, weil man dabei auflockert und Selbstzweifel beiseite schiebt. Andererseits schadet es, wenn man in Wahrheit gar nicht auflockern will, sondern Aufschub, eine Gnadenfrist bis zur Konfrontation. Dann wartet man meist zu lange und muss am Ende lallen oder es ganz lassen. Mein Chef sagt, der Weg zur Hölle sei mit vielen kleinen Pils gepflastert.

Ich glaube, das perfekte Rauschmittel vor dem Flirt gibt es nicht. Das meiste Zeugs verschlimmert die Lage eher, bei Hasch vergesse ich oft, was ich eigentlich wollte, bei Magic Mushrooms verändern sich ihre Körperproportionen, und dann muss ich kichern, weil sie plötzlich eine Tapirnase im Gesicht trägt. Der neueste Trend ist ja Primelnkiffen. Soll aber auch ungesund sein.

»Guck da nicht so auffällig rüber, es wird langsam peinlich«, sagte Basti. »Die kriegst du eh nicht.«

»Ach so, und warum nicht?«

»Weil deine Prinzessin aus Zamunda garantiert einen Freund hat.«

Touché.

»Und außerdem: Was ist mit Lena?« So hieß meine Freundin. Wir waren seit 13 Monaten zusammen, die ersten sieben hatten gerockt, seitdem ging es bergab. Unsere Beziehung hatte überhaupt nur so lange überlebt, weil ich meine Interessen radikal zurückgestellt hatte. Ich mochte Schlager und sie Springreiten, wie sollte das funktionieren.

Die Unterhaltung endete abrupt, denn sie spielten unser Lied. *Zehn nackte Friseusen* von Mickie Krause, in der »Wunderbar« brach der Wahnsinn aus.

Schlagerfans tanzen nicht sonderlich ästhetisch. Es ist mehr ein Gehopse und Gewackle, der ansonsten durchaus schlüssige Sinnspruch »You dance like you fuck« traf hier hoffentlich nicht zu. Basti legte den Arm um mich, sein Hemd war bereits nassgeschwitzt, normalerweise lehne ich Körperausscheidungen anderer Männer kategorisch ab. Doch es war ja Schlagerparty. Wir sangen mit: »Es gibt fünfzigtausend Weiber, die haben einwandfreie Leiber.« Wir konnten jede Zeile auswendig, beim letzten Karneval hatten wir diesen Song rauf- und runtergefeiert, seitdem bedeutete er uns alles. Eschweiler ist eine Karnevalshochburg, wir haben den drittgrößten Rosenmontagsumzug hinter Köln und Mainz. Mein Vater sagt: Wer in Eschweiler da keine Frau abkriegt, ist entweder schwul oder verreist; ich hatte mal was mit einem Funkenmariechen, das zählt bei uns doppelt.

Aus meinen Augenwinkeln sah ich, dass auch die hübsche Afrikanerin mittanzte, sogar regelrecht aus dem Häuschen war und ebenfalls textsicher: »Es gibt hunderttausend Mädel, die sind alle schön und edel.« Fanatischer als sie trällerte allein Basti mit, der sang noch von seinen nackten Friseusen, als im Hintergrund bereits Bata Illic lief.

Ich befreite mich aus seinem Klammergriff, musste ihm aber noch versprechen, bei nächster Gelegenheit gemeinsam ein echtes Mickie-Krause-Konzert zu besuchen. Dann ging ich rüber.

Sie hatte mich schon erwartet.

»Ich dachte fast, du kommst gar nicht mehr.«

»Wie meinst du das?«

»Na, du hast mich doch beobachtet, oder? Gib's zu!«

»Vielleicht ein bisschen.«

Sie hieß Steffi. Ich fragte, wo sie herkomme, die Antwort war Bielefeld. Ich sagte: »Nee, jetzt richtig«, und Steffi meinte: »Bielefeld.« Immerhin kamen ihre Eltern von der Elfenbeinküste. Von Nahem sah sie noch besser aus, sie hatte so einen verträumten Blick.

Ich fragte, ob es in Bielefeld gute Schlagerpartys gebe. Steffi erzählte von einem Club, in dem die Getränkepreise im Laufe des Abends mal steigen und dann wieder fallen, wie an der Börse. Schon hatten wir vereinbart, dass ich sie in Bielefeld besuchen komme.

»Weißt du, Steffi, was ich mich gerade frage? Ich frage mich, ob man bei dir wohl einen Knutschfleck am Hals sehen würde – oder ob der quasi unsichtbar wäre.«

Sie versicherte mir, dass man den durchaus sähe und dass ich es bloß nicht probieren solle, sie könne Knutschflecken nämlich nicht ausstehen. Ich glaube, sie war ein bisschen gekränkt.

Steffis Freunde wollten aufbrechen, sie hatten für den nächsten Morgen eine Fahrradtour geplant; hätte einer der Langweiler den

Spruch von wegen »früher Vogel« aufgesagt, gewundert hätte es mich nicht. Ich schlug Steffi vor, noch einen Nachtspaziergang ans Meer zu unternehmen. Um diese Uhrzeit waren die Eingangspforten zum Strand zwar längst geschlossen, doch ich kannte einen Abschnitt, an dem man ganz leicht von einer Mauer runterspringen und direkt ans Ufer gelangen konnte. »Ist ziemlich romantisch dort.«

Steffi ließ sich den Punkt genau beschreiben und meinte dann, so könne sie morgen Abend ihren Freund überraschen, der bereits auf dem Weg nach Sylt war. Zu einer Vorbesichtigung ließ sie sich nicht überreden.

Wenigstens gab sie mir ihre Mailadresse. Der Rest des Abends verlief eher traurig. Meinen romantischen Strandspaziergang erlebte ich nun mit Basti. Die Hälfte der Zeit sang er dabei das Friseusen-Lied vor sich hin, es ist mir ein Rätsel, warum es Tausende Mittel gegen Schluckauf gibt, aber keines gegen Ohrwürmer.

Steffi habe ich nicht wiedergesehen, weder auf Sylt noch in Bielefeld. Ich wollte ihr eine Mail schreiben und sie an unsere Verabredung für die Schlagerparty erinnern, doch die Nachricht kam zurück. Es gibt bei GMX gar keine »Stefanie659«.

Ein Quäntchen Trost

Helge (27), Physiklaborant, Hamburg
über
Katharina (26), Buchhändlerin, Hamburg

Es heißt doch immer, zehn raubkopierte CDs töten eine Nachwuchsband. Ich mag aber überhaupt keine Nachwuchsbands. Ich kann gar nicht so viele CDs brennen, wie ich Nachwuchsbands den Garaus machen möchte.

Alle Frauen stehen auf Musiker. Das ist so. Nur wenige stehen auf Physiklaboranten, und wenn, dann aus anderen Gründen als der beruflichen Tätigkeit.

Musiker müssen nicht mal sonderlich erfolgreich sein. Selbst ohne Plattendeal und Aussicht, jemals von ihrer Kunst leben zu können, fühlen sich Frauen zu ihnen hingezogen. Es reicht, wenn sie in einer Band spielen und gelegentlich in einem verrauchten Kellerclub vor 150 Fans auftreten, wobei ein Drittel von denen gar nicht bezahlt hat, sondern auf der Gästeliste stand. Das bisschen Ruhm genügt, um Frauen den Kopf zu verdrehen, und ich hasse das.

Mein Freund Daniel spielt gleich in mehreren Bands, eine davon ist sogar ein bisschen erfolgreich, der Name der Gruppe klingt so ähnlich wie Tears Of Attraction. Sie machen 08/15-Rock mit zwei Gitarren, Bass und Schlagzeug. Daniel ist der Bassist, ich kann nicht beurteilen, ob er seine Sache gut macht. Schwer sehen sie nicht aus, die paar Bassläufe, die er hoch und runter dudelt. Der Aufwand steht in keinem Verhältnis zu dem Fame, den er abgreift. Er hat deutlich mehr Erfolg bei Frauen als ich.

Daniel glaubt, dass seine Band früher oder später den Durchbruch schafft, vielleicht sogar das nächste große Ding wird. Ich glaube, Daniel muss schon sehr bald durch die Innenstadt laufen und kleine weiße Zettel an Ampelmasten kleben, auf denen er seine Dienste als angeblich professioneller Gitarre- und Basslehrer anpreist. Unten am Zettel werden kleine Abreißstreifen mit seiner Telefonnummer hängen, und die ersten zwei wird Daniel selbst entfernen, damit es so aussieht, als gäbe es für seine Dienstleistung eine echte Nachfrage.

So sehr ich Daniel als Freund schätze, seine musikerbedingte Attraktivität auf Frauen geht mir gegen den Strich. Natürlich bekommt er nicht die Supermodels, die sind für den Sänger reserviert. Wo immer man den trifft, hat er eine neue, wahnsinnig gut aussehende Frau an seiner Seite. Der Leadgitarrist ist auch begehrt, er darf zwar nicht mitsingen, aber zwischen zwei Liedern das nächste Stück ansagen und am Ende auf den CD-Verkauf-Grabbeltisch neben dem Ausgang hinweisen. Als Nächstes kommt schon mein Freund Daniel auf der Beliebtheitsskala, noch vor dem Drummer, der zwar Muskeln an den Oberarmen hat, dem aber die Aura eines Künstlers komplett abgeht. Er ist der Einzige in der Band mit fester Freundin, die anderen könnten mit Leichtigkeit auch welche haben, aber das käme einer unnötigen Selbstbeschränkung gleich. Musikerfreundinnen verpassen kein Konzert und halten Wache, die sind ja nicht blöd.

Gehen Tears of Attraction auf Tour, bedeutet das: Vier Musiker quetschen sich mit Instrumenten und Gepäck in einen miefigen Bulli und spielen an drei Abenden hintereinander in verschiedenen Jugendzentren. Nach ihrer Rückkehr ruft Daniel an und prahlt in den meisten Fällen mit einer neuen Frauengeschichte, und ich fürchte, er übertreibt nicht mal.

Katharina sei anders, dachte ich. Sie war eine Bekannte des Schlagzeugers und gehörte dem Kreis derer an, die bei Hamburgkonzerten von Tears of Attraction auf jeden Fall auf der Gästeliste standen.

Sie war ein bisschen alternativ angehaucht, trug Ohrringe mit kleinen Engelsflügeln und außerdem Dreadlocks. Ich finde, wer sich mit Mitte zwanzig seinen Filz noch nicht abgeschnitten hat, bei dem läuft etwas verkehrt im Leben, noch schlimmer sind bloß die Frauen, die beim Entfernen ihrer Dreads eine Strähne aussparen, die fortan umherbaumelt als Zeugnis früherer Unangepasstheit. Katharina sagte, sie hätte schon über eine Abschneideaktion nachgedacht, aber sie fürchte den kahlen Kopf, der stünde ihr nicht, ich war anderer Meinung.

Ich traf sie bei einem Auftritt von Daniels Band im »Logo«, einem bekannten Club an der Grindelallee im Hamburger Univiertel. Tears of Attraction waren zwar nur als Vorband gebucht, aber wer im »Logo« auftritt, kann sich das in den Lebenslauf schreiben, und manchmal mischen sich angeblich Scouts von Plattenfirmen unters Publikum. So hat es mir jedenfalls Daniel erklärt, als er mich überreden wollte, unbedingt dabei zu sein.

»Alter, du stehst schon auf der Gästeliste.«

Mir blieb nichts anderes übrig, außerdem hatte er mir Freibier versprochen, was sich vor Ort perfiderweise als Palette Hansapils herausstellte. Der Backstage-Bereich des »Logo« grenzt direkt an den Konzertraum und besteht nur aus einem einzigen Zimmer, nicht sehr groß, aber gemütlich und immerhin möbliert. Weil am Eingang kein Ordner wachte, der Möchtegernfreunde aussortierte und nur die wirklich engen Vertrauten backstage ließ, war der Raum arg überfüllt. Katharina hockte auf einer umgestülpten Plastikkiste und trank Hansa. Bei unserer letzten Begegnung auf einem anderen Gig von Tears of Attraction hatten wir uns länger unterhalten, wir hatten ausführlich die Frage diskutiert, ob man auch in Großstädten an Sommertagen barfuß über den Asphalt laufen sollte, ich warnte vor Glassplittern und schiefen Blicken, sie verwies auf Hornhaut und ausreichend Selbstbewusstsein. Heute trug Katharina Sandalen, sie begrüßte mich mit einer Umarmung, von mir aus hätte ich mich das nicht getraut, so gut kannten wir uns doch gar nicht.

»Na, was macht die Hornhaut?«

»Danke, sie hält. Worüber wollen wir uns heute streiten?«

Mich freute, dass sie sich an unser letztes Gespräch erinnerte, es lag immerhin ein gutes Vierteljahr zurück. Sie bot mir von ihrem Bier an, ich hätte auch ein eigenes haben können, aber Bierteilen zwischen Mann und Frau, das abwechselnde Berühren des Dosenrands, das ist schon ein verbindender Akt, Küssen über Bande, ein solches Angebot darf man nicht ausschlagen. Es drängelten immer mehr Leute backstage, die Band hatte ihr Gästelistenkontingent offenbar bis zum Letzten ausgereizt und alle Freunde einbestellt, um vor möglichen Labelscouts ein gutes Bild zu machen.

Katharina und ich sprachen draußen weiter, direkt vor der Bühne, es lief bereits Musik vom Band. Sie war deutlich kleiner als ich, ich musste mich bücken, um an den verfilzten Haaren vorbei in die Nähe eines Ohres zu gelangen.

Ich war schon länger auf der Suche nach einer Freundin. Es heißt doch, das Glück kommt von allein, wenn man nur selbstsicher auftritt und Zuversicht ausstrahlt. Das ist genauso ein Märchen wie die Behauptung, Biosupermärkte seien Hotspots für flirtwillige Singles. Ich bin mehrmals dort gewesen, nie passierte etwas.

Manchmal vergleiche ich mich mit Daniel und komme zu dem Schluss, dass der größte Fehler meines bisherigen Lebens darin bestand, dass ich mich als Jugendlicher nicht um eine eigene Bandkarriere bemüht habe. Während Daniel Bassläufe übte, spielte ich Tischtennis. Ich war sogar ziemlich gut. Und ich war rebellisch wie ein Rockmusiker. Auf Turnieren haben wir die Spieler gegnerischer Mannschaften regelmäßig mit Drohungen eingeschüchtert, bei Niederlagen warfen wir zornig unsere Schläger durch die Halle. Wir waren die Angry Young Men der ersten Kreisklasse. Aber das hat keine Frau interessiert.

Als das Konzert im »Logo« begann, klafften vor der Bühne noch große Lücken in den Reihen. Das harte Schicksal jeder Vorgruppe ging auch an Daniels Band nicht vorbei.

»Kommt doch alle ein paar Schritte nach vorne, wir mögen es kuschelig.« Für diese Ansage hätte der Gitarrist Prügel verdient gehabt, stattdessen bekam er Applaus. Ich sah mich im Publikum um, verdammt viele Frauen hier. Der Auftritt verlief wie alle vorangegangenen: ohne Höhepunkte und besondere Vorkommnisse. Man könnte die Musik als unglückliche Mischung aus Placebo und Nickelback beschreiben, in den vier Jahren ihres Bestehens hat sich die Band kein bisschen weiterentwickelt, weder an der Bühnenpräsenz gefeilt noch am Songwriting. Ein weißes Album wird man von dieser Gruppe nicht erwarten können.

Katharina versuchte mehrfach, ein Gespräch zu beginnen, was auf Rockkonzerten ein ziemlich sinnloses Unterfangen ist. Ich verstand kein Wort, grinste aber stets nett und nickte gelegentlich. Ich überlegte, mich so dicht hinter Katharina zu stellen, dass sie sich anlehnen könnte, dann würde ich sie von hinten mit meinen Armen umschließen, der Rest ergäbe sich von selbst. Aber was nützt das Umarmen in Gedanken.

Nach dem Konzert feierten wir in großer Runde, die Musiker freuten sich, als hätten sie gerade einen Auftritt als Headliner beim Glastonbury-Festival gemeistert, der Schlagzeuger wurde von seiner Freundin bewacht. Ich begleitete Katharina noch ein Stück auf ihrem Heimweg, aber nichts geschah.

Mit der Musik ist es doch so: Wer maximalen Erfolg bei Frauen will, gründet eine Band. Wer kein Instrument beherrscht, wird wenigstens DJ. Wer sich nicht einmal dazu in der Lage sieht, kann immer noch Mixtapes aufnehmen.

Ich stellte eines für Katharina zusammen, mit lauter Songs, die ich gesammelt hatte, um sie bei Gelegenheit Frauen auf Mixtapes zu spielen. Das Wichtige ist, dass die Titel zwar schön melancholisch klingen sollen, sodass die Beschenkte beim Anhören zu tagträumen beginnt und im besten Fall an ihren Schenker denkt, keinesfalls dürfen es aber Liebesschnulzen sein, das wäre zu platt und könnte abschrecken. *Bed of Roses* geht gar nicht.

Ich hatte keine Probleme, genug Songs zu finden, ich hätte locker ein Doppelalbum aufnehmen können, als Bonustrack hatte ich mir Pavements *Cut Your Hair* überlegt, vielleicht würde sie das ermuntern. Meine einzige Sorge war, ob Katharina zu Hause überhaupt noch einen Kassettenrekorder stehen hatte.

Hatte sie zum Glück. Und sie freute sich, sagte sie jedenfalls. Als Dankeschön lud mich Katharina zum Essen ein, sie kochte Gemüselasagne, vegetarisch ist eigentlich nicht mein Fall. Wenn man Tiere nicht essen soll, warum sind sie dann bitte aus Fleisch? Später saßen wir auf ihrer Couch und lauschten meinem Mixtape, ich hatte tatsächlich eine exzellente Auswahl getroffen. Plötzlich sagte sie: »Ich habe eine Frage an dich, aber sie ist mir ein bisschen peinlich.«

Ich meinte: »Nur keine Hemmungen«, sie druckste und wurde ein bisschen rot im Gesicht.

»Also, du bist doch mit Daniel befreundet. Glaubst du, ich hätte bei ihm Chancen?«

Ich war entgeistert.

»Hältst du das wirklich für eine gute Frage an jemanden, der dir gerade ein Mixtape geschenkt hat?«

»Oh...«

An diesem Abend lief ich noch einige Stunden durch Hamburg, womöglich habe ich einen Mülleimer in Brand gesteckt. Zum Abschied hatte sie mich noch einmal in den Arm genommen und mir für die Kassette gedankt. Die gefalle ihr ausgesprochen gut, sagte sie.

In Städten mit Häfen haben die Menschen noch Hoffnung

Fabian (24), Geschichtsstudent, Rostock
über
Maike (24), Geschichtsstudentin, Rostock

Ich hätte sie nach Paris eingeladen. Ich hätte sie bekocht, ihr Perlenketten geschenkt oder alle sieben Bände *Harry Potter* vorgelesen. Wahrscheinlich hätte ich für sie mit dem Crackrauchen angefangen.

Es war Freitag, der 8. Juni 2007. Ich kam vom Hochschulsport, wollte kurz duschen und dann weiter ins Volkstheater. Das weiß ich deshalb noch so genau, weil ich vier Jahre lang auf diesen einen Tag gewartet hatte. Den Tag, an dem die Beziehung zwischen Maike und Georg endlich enden würde.

Das Telefon klingelte, Maikes Stimme klang zittrig.

»Das Schwein hat Schluss gemacht.«

Sie sprach hastig und benutzte viele Schimpfwörter. Ein gutes Zeichen. Georg hatte eine andere Frau kennengelernt, ich wusste, dass ihre Beziehung damit unwiderruflich vorüber war. Selbst wenn Georg es sich noch einmal überlegen sollte. Maike war zu verletzt, als dass sie ihm jemals würde verzeihen können. Ich feierte innerlich, ließ mir aber nichts anmerken, heuchelte Mitleid am Telefon.

»Erzähl mir das doch mal von Anfang an.«

Die Rolle des einfühlsamen Zuhörers hatte ich in den vier Jahren zur Perfektion getrieben. Maike war in ihrer Beziehung oft unglücklich gewesen, was daran lag, dass Georg Rechthaber, Angeber und Langweiler in einer Person war. So extrem habe ich das nie ausgesprochen, zumindest nicht in Maikes Gegenwart, denn eines hatte ich schnell gelernt: Sobald ein Außenstehender auch nur ein schlechtes Wort über Georg verlor, nahm sie ihn in Schutz. Man musste warten, bis sie selbst schimpfte. Dann konnte man versuchen, sie in ihrer Meinung zu bestärken und zu noch wüsteren Verwünschungen anzustacheln. Heute war das nicht nötig.

»Soll ich zu dir rüberkommen?«, fragte ich.

Ich sollte. Schnell sprang ich unter die Dusche, rasierte mich, putzte Zähne. Ich hatte das Fahrrad aus dem Keller geholt, als ich beschloss, noch einmal in die Wohnung zurückzukehren. »Tommy Hilfiger« auftragen. Für alle Fälle.

Wir saßen bis spätnachts in ihrer Küche, tranken erst Tee, dann Wein. Sie war fertig mit den Nerven, und ich fühlte mich ein kleines bisschen schuldig, weil ich mich so schrecklich freute über diese glückliche Fügung des Schicksals.

»Was Georg getan hat, ist unverzeihlich«, sagte ich. »Aber eines muss man ihm vielleicht zugute halten: Er war immerhin so mutig, es dir ins Gesicht zu sagen.«

»Von wegen«, zischte Maike und schlug mit der flachen Hand auf den Küchentisch. »Der Arsch ist schon vor zwei Wochen mit dieser Frau abgestürzt. Zwei Wochen lief das!«

Georg habe gestern bei ihr übernachtet und erst am Morgen ausgepackt. Sie brach erneut in Tränen aus.

»Soll ich dich mal in den Arm nehmen?« Ich sollte.

Ich drückte sie ganz fest, ihr Kopf lag auf meiner Schulter. So nah waren wir uns noch nie gewesen, außer in meiner Fantasie.

Ich hatte Maike in meinem ersten Semester an der Uni kennengelernt, sie saß neben mir im Proseminar, sie war Single wie ich.

Als wir eine Referatsgruppe gründeten und uns zum Lernen in der Bibliothek trafen, steigerte ich mich in die Vorstellung hinein, wir müssten früher oder später ein Paar werden.

Ich dachte wohl, das ergäbe sich automatisch. Bis sie mir an einem Montagmorgen in der Mensa euphorisch erzählte, dass sie am Wochenende in der Disko von einem Typen angesprochen worden war. Von einem Architekten. Der verdiente schon richtiges Geld und fuhr ein Auto.

Zuerst hoffte ich noch, es sei bloß eine kurze Affäre. Dann wurden aus Tagen Wochen und aus Wochen Monate, und ihr erstes Weihnachten feierten sie gleich zusammen bei seinen Eltern. Für mich war das schlimm, weil ich weiterhin überzeugt war, dass Maike eigentlich mir gehörte. Ich hatte sie doch zuerst gesehen.

Von Beginn an mied ich Georg, wann immer ich konnte. Eigentlich bin ich ein toleranter Zeitgenosse. Wegen mir können Leute Zinnsoldaten sammeln oder sich für harten Techno interessieren, ich werde sie trotzdem immer wie Menschen behandeln. Aber dieser Typ ging gar nicht. Sich mit Georg zu unterhalten war so amüsant wie drei Staffeln *Der Doktor und das liebe Vieh* zu gucken.

Bald stellten sich ihre ersten Krisen ein, und da ich mir zwischenzeitlich die Position als Maikes bester Freund erarbeitet hatte, durfte ich mir nun ständig anhören, was Georg alles falsch machte; dass er Dinge über ihren Kopf hinweg entschied, sie pausenlos verbesserte, immer nur von sich erzählte, sich nie nach ihrem Befinden erkundigte. Es schien, als würde ihm alles außer Atmen direkt als Fehler ausgelegt.

Fast hatte ich ein bisschen Mitleid mit ihm. Und ich schwor mir, meine Chance zu suchen, sobald dieses Drama ein Ende gefunden hatte.

Jetzt hatte ich meine Chance.

»Ich wünschte, ich könnte dir den Schmerz nehmen«, sagte ich zu ihr, inzwischen saßen wir auf ihrer Bettkante. Zugegeben, der Satz klang kitschig, aber Maike gefiel es.

»Es ist so schön, dass du da bist.«

Manche Menschen werfen mir vor, zu weich zu sein, also dazu kann ich nur sagen: Wenn Einfühlungsvermögen ein Verbrechen ist, wenn Fingerspitzengefühl und melancholische Weltsicht verwerflich sind, dann ja, dann bekenne ich mich schuldig.

An diesem Abend kraulte ich Maike lange den Hinterkopf. Mein Hals war ganz feucht von ihren Tränen. Auch ich war gerührt, hauptsächlich von der eigenen Empfindsamkeit. Einen Moment überlegte ich, ob sie sich wohl auf Tröstsex einließe.

Doch ich beließ es beim Kopfkraulen, sie schluchzte vor sich hin.

Die nächsten Tage verbrachten wir zusammen. Wir spazierten durch Parks, die Frischluft tat ihr gut, wir liehen uns romantische Liebeskomödien mit Jennifer Aniston aus der Videothek aus – ich wusste gar nicht, wie viele sie davon gedreht hat. Wir diskutierten über Beziehungen im Allgemeinen und Maikes kaputte im Besonderen.

Einmal rief Georg an, er wollte sich entschuldigen, noch mal von vorne anfangen; ich saß während des Gesprächs neben ihr und hielt Maikes Hand. Sie sagte ihm, dass sie möglicherweise eines Tages mit ihm befreundet sein könne, bis dahin wolle sie keinen Kontakt. Außerdem brauche er sich keine Sorgen um sie zu machen, denn schließlich sei da ein wunderbarer Mensch, der sich kümmere. Genau das waren ihre Worte.

Ich hätte es so weiterlaufen lassen können. Hätte ihr engster Freund bleiben können, und zum Dank hätte ich ihr noch wochenlang den Hinterkopf kraulen dürfen. Aber ich hatte mir geschworen, meine Chance zu suchen. Und ich hatte Angst, dass sie bald wieder in einen Club gehen und sich vom nächstbesten Proleten aufreißen lassen würde.

So kam der 30. Juni 2007, es war ein Sonnabend, ich erinnere mich an jedes Detail. Maike und ich saßen in »Schusters Strandbar« im Sand, es waren auch Couchen frei, aber wir hockten lieber auf dem Boden und zeichneten mit unseren Fingern kleine Linien in den Sand.

»Das Schlimmste an der Liebe ist, dass man sich nicht auf sie verlassen kann«, sagte sie plötzlich. »Die macht, was sie will.«

Ich glaube, den Spruch hatte sie aus *Carmen* geklaut.

»Du hast recht, auf die Liebe ist kein Verlass«, sagte ich. »Wenn es doch eine mathematische Funktion gäbe, um Liebe zu berechnen.«

Maike malte ein Herz in den Sand, und ich schrieb die erste binomische Formel daneben: $(a+b)^2=a^2+2ab+b^2$

Keine Ahnung, wofür die gut war, aber sie war mir aus der Schulzeit hängengeblieben. Wir mussten lachen. Dann sprach ich es aus:

»Könntest du dir vorstellen, dich in jemanden wie mich zu verlieben?«

Sie guckte mich an, dann schnell auf den Boden.

»Ich weiß nicht. Keine Ahnung.« Sie schwieg eine Weile, schließlich blickte sie mir in die Augen.

»Falls es passieren sollte, sage ich dir Bescheid, okay?«

Sie hat bis heute nicht Bescheid gesagt. Seit unserem Strandbarbesuch sind fast drei Jahre vergangen. Trotzdem erinnere ich mich ganz gerne an diesen Moment. Weil ich da zum ersten Mal echt mutig war.

About a Boy

Arne (29), Jurist, Berlin
über
Benedikt (25), Anglistik-Student, Berlin

Es war ein bisschen wie die Fernsehwerbung mit Hella von Sinnen aus den frühen Neunzigern. Ich kam auf eine Party, trat ins überfüllte Wohnzimmer, überall standen Gäste mit ihren keilförmigen Cocktailgläsern, es war die Hochphase des Carrie-Bradshaw-Hypes, alle wollten Cosmopolitan trinken, und wer gebeten wurde, seine Schuhe auszuziehen, musste mit gespielter Empörung »Das ist doch ein Outfit!« rufen.

Ich sah Benedikt am Fenster stehen, musterte ihn, dann flüsterte ich meiner Begleiterin Katja ins Ohr. Die drehte sich um und rief zu Benedikt: »Arne glaubt übrigens auch, dass du schwul bist!«

Zu Katjas und meiner Verteidigung muss ich sagen, dass sie an diesem Abend leicht überdreht war und ich gar nicht behauptet hatte, Benedikt sehe schwul aus. Ich fand bloß, dass er extrem androgyn wirkte. Ich flüchtete aus dem Zimmer.

Benedikt musste die Situation viel unangenehmer gewesen sein, denn er galt damals noch als hetero. Er hatte sogar eine Freundin. Die stand direkt neben ihm, auch keine schöne Situation.

Später am Abend haben wir uns doch noch unterhalten, Benedikt, seine Freundin und ich. Normalerweise interessieren mich keine Männer, die in Beziehungen mit Frauen stecken, das ist vergebene Liebesmüh, aber in diesem Fall wusste ich, der Typ war hundertprozentig schwul. Mein Gaydar sagte es mir.

Heteros fragen manchmal, ob Schwule sich eigentlich untereinander erkennen, auch außerhalb von Cruising-Area und Rosenstolzkonzert. Natürlich erkennen wir uns, das ist überlebenswichtig, sonst müssten wir doch ständig peinliche Situationen durchstehen und mehr Körbe einstecken, als ein einziges menschliches Ego verkraften kann.

Früher hieß es, das Erkennungsmerkmal aller Schwulen sei der Ohrring auf der rechten Seite. Bullshit. Ein verlässliches Kriterium ist, ob ein fremder Mann deinem Blick standhält, ihn erwidert, dir vielleicht sogar zulächelt. Kein Hetero-Mann kann einem anderen Kerl länger als eine Sekunde auf eine wohlwollende, nicht Prügel androhende Art in die Augen schauen, es sei denn, es findet eine Unterhaltung statt.

Benedikt hielt meinem Blick nicht wirklich stand, aber ich wusste dennoch Bescheid. Er hatte etwas Schüchternes, Verträumtes, Zartes, insgesamt einfach Stockschwules an sich. Über Katjas Fettnäpfchen verloren wir kein Wort, stattdessen wurde das Buffet geplündert und der ausgezeichnete Geschmack des Gastgebers gelobt, der die Hälfte aller Speisen selbst zubereitet hatte. Antipasti. Quiche Lorraine. Bärlauch-Paprika-Salat. Hier hatte ein Gourmet aufgetischt, wir wussten das zu würdigen. Benedikt und mich verband die Lust auf gutes Essen, und was für Menschen in unserem Alter eher ungewöhnlich ist: Wir waren bereit, einmal die Woche fünfzig Euro und mehr für einen Restaurantbesuch auszugeben.

»Magst du das ›Lochner‹ am Lützowplatz?«

»Ich war erst letzten Monat da.«

So hatten wir nicht nur ein Gesprächsthema für den Abend gefunden, sondern auch Grund, uns künftig öfter zu sehen.

Hervorragende Restaurants gibt es viele in Berlin, und damit meine ich nicht die elf Sterneküchen aus dem Michelinführer, sondern die vielen Dutzend Lokale, die sich wirklich Mühe geben, Ideen und Visionen haben.

Wir probierten sie nacheinander aus. Meistens bei Kerzenschein, immer mit gutem Wein. Benedikt wusste seit unserer ersten Begegnung, dass ich Männer liebte. Das war aber nicht unser Thema. Unser Thema war das Essen.

In mir drin sah es allerdings anders aus, ich hatte mich verliebt. Und in Gedanken stellten wir Dinge miteinander an.

Es ging hier nicht darum, einen Hetero-Mann umzupolen, das funktioniert nämlich nicht. Ich habe mich auch noch nie in einen verknallt. Wenn meine Theorie stimmt, verdanke ich das einem natürlichen Schutzmechanismus, der mir Enttäuschungen erspart.

Bei Benedikt zweifelte ich keinen Moment daran, dass er sich irgendwann outen würde. Der Anruf kam schneller als gedacht.

»Arne, ich muss dir was erzählen.«

Er hätte gar nicht weitersprechen müssen, ich tat trotzdem ahnungslos. Wir verabredeten uns auf ein Bier in der »Ankerklause«, einer Kneipe am Maybachufer. Wir suchten eine halbwegs ruhige Ecke, dann begann Benedikt, sich in langatmigen Sätzen zu verheddern. Ein Fremder hätte nie im Leben erraten, worauf er hinauswollte. Das ist wie bei der Geburt. Man könnte jetzt eingreifen und einen Schnitt machen, aber besser ist es, wenn er den Weg alleine findet.

Schließlich outete er sich unter diversen Vorbehalten. Ganz sicher sei er nicht, deshalb ziehe er vorläufig die Bezeichnung »bisexuell« vor. Aber ja, mit seiner Freundin habe er bereits Schluss gemacht.

Bei mir war es damals anders gelaufen. Im Grunde wusste ich schon als Kind, dass Frauen niemals eine echte Option sein würden. In der Oberstufe hatte ich mal kurz so etwas wie eine

Freundin, zwei Wochen lang liefen wir händchenhaltend durch die Schule, es brachte mir zwar nichts, tat aber auch nicht weh. Als wir dann eines Nachts die Hasenheide durchquerten und mir auffiel, dass ich mich nicht etwa vor Jugendgangs oder kriminellen Crackjunkies fürchtete, sondern bloß davor, dass meine Freundin mich befummeln würde, da machte es Klick. Benedikt lachte über meine Geschichte, immerhin etwas, aber gleich darauf bat er mich um Rat, bei wem er sich nun als Nächstes outen sollte, bei seinen Freunden, seinen Eltern, dem großen Bruder, und was sei überhaupt mit seinen Kollegen aus dem Handballteam.

»Du musst ja nichts überstürzen«, empfahl ich. »Lass dir Zeit.«

Ich fühlte mich schwer geehrt, dass ich offensichtlich der Erste war, dem er sich anvertraut hatte. Und ich war stolz, als er sagte, die peinliche Szene auf der Party habe ihn damals ins Grübeln gebracht. Vielleicht sogar den Anstoß gegeben. Das Einzige, was mir jetzt noch zu meinem Glück fehlte, war seine Liebeserklärung. Aber die kam nicht. Womöglich hatte er für mich die Rolle des guten Freundes vorgesehen, der ihn in die Welt der Schwulen einführte.

Den Gefallen tat ich ihm gerne. Unsere nächsten gemeinsamen Abende verbrachten wir ausnahmsweise nicht in edlen Restaurants, sondern in Schwulenclubs und -bars. Im »Ackerkeller« und natürlich im »Schwuz«. Das sind keine Läden, wo die wirklich wilden Sachen passieren. Dem Klischee nach wechseln Schwule ja mindestens dreimal die Woche ihren Sexpartner. Stimmt aber nicht, jedenfalls gilt das wohl kaum für die Normalomehrheit. Aus meinem gesamten schwulen Bekanntenkreis kenne ich nur einen, der sich für Cruising-Areas interessiert. Er war auch schon mal im Tiergarten, sagt er. Südwestlich der Siegessäule, rund um die Löwenbrücke, an Sommerabenden trifft man dort mehrere Hundert Männer, an Wegen, hinter Büschen, sie suchen schnellen Sex, und die meisten finden ihn auch.

Meine erste und einzige Cruisingerfahrung endete als Totalflop. Ich hatte von Freunden gehört, an der Humboldt-Uni gäbe es einen Treffpunkt. Im Seminargebäude am Hegelplatz, vierter Stock, Herrentoilette. Das wollte ich überprüfen, nur mal nachsehen, wie das dort läuft. War aber kein Schwein da.

Benedikt gefiel es in der neuen schwulen Welt. Ich glaube, er war einigermaßen erleichtert, dass es weit spießiger zugeht, als man so hört und auf Wikipedia liest. Nein, ein rosafarbenes Taschentuch in der Hosentasche bedeutet nicht zwangsläufig, dass sein Träger auf Dildospiele abfährt. Und Magenta steht auch nicht für Achsellecken. Überhaupt kenne ich wenig Schwule mit Taschentüchern in der Hose. Im Winter sind es vielleicht ein paar mehr.

Dass sich Benedikt für seine ersten schwulen Kusserfahrungen nicht mich als Counterpart aussuchte, nahm ich ihm übel. Dass ich aber auch noch daneben stehen und alles mit ansehen musste, kränkte mich. Es geschah auf einer Homo-Britpop-Party im »Schwuz«, die Kombination klingt sonderbar, hat aber seit Jahren größeren Zulauf. Der Mann hieß Arnold und klimperte mit den längsten Wimpern, die ich abseits einer Drag-Queen-Revue je an einem Mann gesehen hatte. Benedikt riss ihn regelrecht auf, anschließend musste ich mir in allen Details anhören, wie es nun schmeckte, einen Mann zu küssen. Als ob ich das nicht wüsste.

Ich war also für die Theorie zuständig, für die Praxis zog er andere vor. Arnold wurde sein erster Freund.

Mike der zweite.

Würde Benedikt dieses Tempo beibehalten, hätte er mich gegen Jahresende an Allzeit-Männerkontakten überholt.

Das letzte Jahr hatte ich mich komplett für ihn aufgespart. Ich schätze, so fühlen sich die Aktionäre kriselnder DAX-Unternehmen: viel investiert, lange gewartet und trotzdem bleibt die Rendite aus.

Irgendwann war ich nur noch sauer. So wollte ich ihn nicht davonkommen lassen. Ich wollte es aus seinem Mund hören.

Ich konfrontierte ihn bei einem Spaziergang.

»Benedikt, ich bin in dich verliebt, seit über einem Jahr schon.«

Er fiel aus allen Wolken. Davon hätte er nichts geahnt, sagte er. Aber anstatt sich bei mir zu entschuldigen oder wenigstens Mitgefühl zu zeigen, machte er mir Vorwürfe. Er habe mir als Freund vertraut, und ich habe mich nur heimlich an ihn ranpirschen wollen. So was machten Freunde nicht. »Du warst drauf und dran, mein bester zu werden!«

Wir wurden ziemlich laut und gingen im Streit auseinander. »Du bist auch überhaupt nicht mein Typ«, schrie er mir hinterher.

Drei Tage hatten wir keinen Kontakt, dann hatte ich abends einen Anruf auf meiner Mailbox. Ich dachte, es käme eine Entschuldigung, aber leider sagte er nur: »Und noch etwas: Du machst beim Essen komische Geräusche. Das nervt total.«

Wir sehen uns manchmal auf Partys im »Schwuz«, da machen wir aber einen großen Bogen umeinander. Ganz selten frage ich mich, ob er vielleicht recht hatte. Ob ich wirklich sein Vertrauen missbrauchte, als ich ihn heimlich liebte. Aber andererseits glaube ich, dass er doch ein bisschen was geahnt hat. Und dass es ihm geschmeichelt hat.

Die Nerdistin

Phillipp (32), Cutter, Stuttgart
über
Jasmin (29), Grafikdesignerin, Stuttgart

Die gelungensten Privatpartys erkennst du daran, dass du vor lauter Gästen nicht durch den Flur kommst. Dass du es dir dreimal überlegst, bevor du deinen Sitzplatz auf der Couch aufgibst, um in der Küche neues Bier zu holen. Und dass du mindestens fünf Minuten in der Schlange stehst, bevor die Toilette dir gehört. So eine Party feierte mein Bekannter Jörn an seinem dreißigsten Geburtstag. Im Wohnzimmer hatte er die Stereoanlage aufgebaut, ein Typ saß davor und spielte alles, wozu Endzwanziger und Thirtysomethings gerne tanzen: Franz Ferdinand, Chemical Brothers, Beatsteaks und Artverwandtes. Hier war es so laut, dass man regelrecht brüllen musste, um sich irgendwie zu verständigen. Es war schon nach Mitternacht, und ich wunderte mich, dass bisher kein Nachbar die Polizei gerufen hatte.

Ich hockte mit zwei Freundinnen in Jörns Schlafzimmer auf dem Bett, viel Platz war auch hier nicht, wir mussten uns die Matratze mit anderen Gästen teilen. Nach einer Weile schwappte mir ein Gesprächsfetzen unserer Nebenleute ins Ohr. Es ging um Tierprozesse, um Schweine und Rinder, die sich im Mittelalter vor Gericht verantworten mussten. Die angeklagt wurden, Straftaten begangen zu haben, und die dann in den meisten Fällen zum Tode verurteilt wurden.

Wie krank war das denn bitte? Aber vor allem: Wer erzählt so etwas? Ich drehte mich um und sah eine Frau mit Lockenkopf in einem ausgebleichten T-Shirt mit dem Aufdruck »Kill 'em all« in Goldlettern. Ab diesem Moment interessierten mich meine Begleiterinnen nicht mehr, sie hätten strippokern können, ich hätte es nicht gemerkt. Ich klinkte mich lieber in das Nachbargespräch ein: »Wie genau hat man sie denn umgebracht?«

»Kommt drauf an. Manche wurden gehängt oder erwürgt, andere mussten auf den Scheiterhaufen.«

Vielleicht erzählte sie nur Quatsch. Vielleicht würde sie uns gleich auslachen und »Ätsch!« rufen.

»Woher weißt du das alles?«, fragte ich.

Sie meinte, das gehöre doch zum Allgemeinwissen. Dann stellte sie sich als Jasmin vor und gab mir einen Schnellkurs in der Geschichte der Tierhinrichtungen. Sie behauptete, dass Kühe, wenn sie aus ihrem Stall ausgebrochen waren oder Zäune umgetrampelt hatten, aus Fairnessgründen einen Anwalt zur Seite gestellt bekamen, der in ihrem Namen vor dem Richter sprach. Die Verhängung der Todesstrafe habe der jedoch selten verhindern können. Gegen Insekten, die sich über Felder hermachten, gab es Sammelprozesse.

»Tolle Story«, sagte ich zu Jasmin so ironisch wie möglich.

»Hey, ich schwöre.«

Sie erzählte noch von einer Elefantendame namens Mary, der im frühen zwanzigsten Jahrhundert vorgeworfen wurde, in einem amerikanischen Zirkus ihren Pfleger totgetrampelt zu haben. Der Zirkusdirektor ließ Mary an einem Kran aufhängen, vor Tausenden Zuschauern.

Jasmin war keine Tierschützerin. Sie hatte bloß Spaß daran, absurde Geschichten zu erzählen. Auf dem Gebiet der Slasher-,

Gore- und Zombiefilme kannte sie sich ebenfalls bestens aus. Ein Thema, bei dem ich mitreden konnte. *28 Days Later* hatte Maßstäbe gesetzt, darin waren wir uns einig. Jasmin konnte alle relevanten Filme der vergangenen vierzig Jahre kulturwissenschaftlich einordnen und deren jeweilige Bedeutung für die Weiterentwicklung des Genres aufzeigen:

»Das find ich so unheimlich stark bei *Land of the Dead*: Da akzeptieren die Menschen am Schluss, dass auch Untote ein Recht auf Leben haben.«

Sie tippte mir mit dem Zeigefinger auf die Brust. »Verstehst du? Friedliche Koexistenz zwischen Menschen und Zombies.«

Diese Frau faszinierte mich. Und sie schien mir so vertraut. Endlich ein weibliches Wesen, vor dem ich meine Kunstbluttheorien ausbreiten konnte, ohne befürchten zu müssen, sie halte mich für einen Freak. Ich meine: Alle reden immer vom kleinsten gemeinsamen Nenner. Aber sollte man nicht lieber den größtmöglichen suchen?

Jasmin war in Begleitung mehrerer Kollegen auf der Party. Sie war Grafikdesignerin, arbeitete in einem kleinen Unternehmen in Heslach. Zum Glück verabschiedeten sich die Kollegen schnell in Richtung Tanzfläche, sie hatten gemerkt, dass sich hier zwei gefunden hatten.

Auch meine Freundinnen verzogen sich bald. So saßen Jasmin und ich irgendwann alleine nebeneinander auf dem Bett, die Beine ausgestreckt, unsere Rücken aufrecht gegen die Wand gelehnt. Wir redeten die Nacht durch; als Jörn, der Gastgeber, die Party für beendet erklärte und uns vor die Tür setzte, war es bereits hell. Ich fragte Jasmin nach ihrer Telefonnummer, doch sie zierte sich. Sie sagte, sie habe einen Freund. Solche Frauen haben immer Freunde.

»Komm schon. Wir haben gerade sechs Stunden auf einem Bett gesessen und uns nicht gelangweilt.«

Sie gab nach und schrieb mir ihre Handynummer auf einen Schmierzettel. Dann verabschiedeten wir uns, ich durfte ihr immerhin einen Wangenkuss geben, und wir gingen unserer Wege. Zu Hause setzte ich mich an den Rechner, ich wollte im Internet nachschauen, ob Jasmin mit ihren Tiergeschichten recht hatte. Die Prozesse gab es tatsächlich, da standen Berichte über geköpfte Hühner und eine französische Kuh, die an den Galgen musste, weil sie angeblich gezaubert hatte. Ich schickte Jasmin eine SMS: »Krass, du hast recht mit den Exekutionen«.

Eine Minute später kam eine Nachricht zurück: »Mann, ich hab schon geschlafen.«

Ich schrieb eine Entschuldigung, aber Jasmin reagierte nicht mehr.

Zwei Tage hielt ich es aus, dann griff ich zum Hörer. Sie wollte mich erst abwimmeln, fing wieder mit ihrem Freund an, aber ich überredete sie zu einem Treffen am nächsten Wochenende. Ich kann in solchen Dingen recht stur sein, und ich habe die Erfahrung gemacht: In der Hälfte der Fälle verwandelt sich ein Nein bei genügend Beharrlichkeit in ein »Warum nicht«.

Wir gingen also aus und hatten wieder Spaß. Jasmin liebte wie ich Verschwörungstheorien, sie konnte aus dem Stand fünf Gründe aufzählen, warum Kurt Cobain doch ermordet worden war. Sie wusste auch, dass eine Tafel Schokolade durchschnittlich acht Insektenbeine enthält.

»Du liest zu viel *Neon*«, sagte ich.

»Quatsch. Ich lese überhaupt keine *Neon*.« Sie sagte, das letzte, was sie gelesen habe, sei das *Anarchist Cookbook* gewesen, und darin gehe es vor allem um die Herstellung von Drogen und Sprengstoff.

Diese Frau hatte ein anormales Interesse an allem Abseitigen im Leben. Ihr sehnlichster Wunsch war es, in der Zeit zurückzureisen und im Café »Arco« mit Franz Kafka abzuhängen. Sie streckte mir ihren rechten Fuß hin und zeigte mir ein Tattoo an der Ferse: »Kafka« stand da in schwarzer, verschnörkelter Schrift. »Das ist seine Original-Handschrift.«

Jasmin konnte die *Mortal-Kombat*-Finishing Moves von Scorpion und Sub-Zero mit geschlossenen Augen. Sie war ein Nerd. Und ich in sie verknallt.

Dann musste ich ihren Freund kennenlernen. Jasmin und ich waren auf dem Fantasy-Filmfest gewesen, es lief *The Hills Have Eyes* 2, also Gemetzel, Kannibalismus, Mutanten-Spaß. Danach nahm sie mich mit zu sich nach Hause, sie wollte mich in die kranke Welt des *Anarchist Cookbooks* einführen. Ein Kompendium voller Anweisungen, wie man am leichtesten Straftaten verüben konnte, zusammengestellt von einem amerikanischen High-School-Absolventen in den späten Sechzigern, später von anderen ergänzt und aktualisiert. Aus nachvollziehbaren Gründen konnte man dieses Buch nicht einfach im Laden bestellen; ein Freund hatte es Jasmin kopiert. Sie holte es aus ihrer Schreibtischschublade wie einen behüteten Schatz, und dann zeigte sie mir die wichtigsten Stellen. Da standen haufenweise Bauanleitungen drin, für Rauchbomben, Napalmbomben, Tennisballgranaten und explodierende Stifte. Es enthielt schaurige Sätze wie »Fire can be used in countless ways to destroy almost anything«. Und es empfahl, die Haut von Erdnüssen zu rauchen, das sei ein guter Marihuanaersatz.

»Ich glaube, das meiste davon ist gefährlicher Quatsch«, sagte sie. »Aber es durchzulesen, ist ganz lustig, oder?«

Wir waren so in das *Anarchist Cookbook* vertieft, dass ich Hannes erst bemerkte, als er direkt neben mir stand.

»Meine Freundin hat seltsame Hobbys, oder?«, begrüßte er mich. Wir tranken an diesem Abend noch ein Bier zusammen, Hannes war bieder und komplett ironiefrei, in meinen Augen ein Verlierer. Mit irgendwelchem Shareholderquatsch verdient er zwar sechstausend brutto im Monat, und von seinem Mittelscheitel abgesehen sah er nicht schlecht aus, aber wenn Jasmin mit diesem Mann glücklich war, hatte ich sie falsch eingeschätzt.

Hannes las nicht Kafka, sondern Dan Brown. Er mochte Fußball und Boxen, und hätte ich mich nur lange genug mit ihm unterhalten, hätte er sich mit Sicherheit noch als Fan von Mario Barth geoutet.

Ich sagte: »Wusstet ihr, dass man durchschnittlich 150 Kalorien verbraucht, wenn man seinen Kopf nur ein einziges Mal gegen die Wand schlägt?«

Sie sagte: »Wusstet ihr, dass 23 Prozent aller weltweiten Schäden an Fotokopierern durch Mitarbeiter entstehen, die ihre nackten Hintern kopieren wollen?«

Wir warfen uns gegenseitig vor, zu viel *Neon* zu lesen, Hannes saß daneben und verstand nichts.

Als wir das nächste Mal telefonierten, konnte ich mein verstörendes Erlebnis mit Hannes nicht unkommentiert lassen.

»Ich hatte mir deinen Freund irgendwie anders vorgestellt.«

»Ich glaube, da steht dir kein Urteil zu«, sagte sie kalt. Sie hatte Anspielungen dieser Art schon öfter gehört.

»Und wenn ich deine nächste Frage auch gleich beantworten darf: Ja, ich bin glücklich.«

Das glaubte ich ihr nicht, nie im Leben, und ich wollte es beweisen. Ich fragte, welchen Kinofilm sie zuletzt mit Hannes gesehen habe, und sie meinte *Ice Age 2*.

»Aber für die verrückten Sachen habe ich doch Freunde. Freunde wie dich.«

Ich fühlte mich ein bisschen ausgenutzt. Brauchte sie mich etwa nur, damit sie das ausleben konnte, wofür Hannes keinen Sinn hatte?

»Ob man jemanden liebt oder nicht, hat doch nichts damit zu tun, ob er gerne Zombiefilme guckt«, sagte sie.

Womit hat es dann zu tun, dachte ich. Traute mich aber nicht zu fragen.

Sie erzählte es mir trotzdem, zählte tausend Dinge auf, die sie an Hannes liebte: wie er roch, wie er »Semf« sagte, wie er Tortellini kochen konnte und nur das, wie seine Augen glänzten, sobald er Kinder sah, wie er sich jeden Morgen erkundigte, ob er geschnarcht habe.

»Verstehst du. Wenn es um Zombiefilme ginge, würde ich sofort Hannes verlassen und dir in die Arme fallen. Aber das werde ich nicht.«

Es war der erste Korb meines Lebens, den ich bekam, ohne überhaupt gefragt zu haben. Ich überlegte, ob ich noch etwas erwidern sollte, aber eigentlich war alles gesagt. Dann fragte ich Jasmin, ob sie nächste Woche nicht mit in *Days of Darkness* kommen wolle. Da würden eine Pornoqueen, ein Schwuler und ein konservativer Priester zusammen eine Horde Untoter abschlachten. Klar wollte sie.

Rauchzeichen aus meinem Herzen

Vincent (22), Zeitarbeiter, Hamburg
über
Rita (19), Callcenter-Agentin, Hamburg

Angeblich weiß man nach zehn Sekunden, ob man einen Menschen attraktiv findet oder nicht. Manchmal reicht schon eine Sechstelsekunde, behaupten Wissenschaftler. Bei mir ist das nicht so. Ich habe Rita bei meinen ersten Schichten gar nicht bemerkt, obwohl sie im selben Raum saß. Erst in der zweiten Arbeitswoche fiel sie mir auf. Dann aber richtig.

Es hatte mich in ein Callcenter verschlagen, meine Zeitarbeitsfirma hatte mich hingeschickt. Normalerweise telefoniere ich nicht gerne. Ich verarsche auch ungern unschuldige Leute. Hier musste ich beides tun.

Rita und ich gehörten zur Outbound-Abteilung, wir mussten fremde Menschen anrufen, die unseren Anruf nicht erwarteten und sich meistens auch nicht darüber freuten. Was ich ihnen erzählte, hing jeweils von dem Auftraggeber ab, der unser Callcenter gerade gebucht hatte. Meistens sollte ich etwas verkaufen, zum Beispiel Lottoscheine oder Zeitschriftenabos oder Verträge mit teuren Stromanbietern. Von einigen Angerufenen musste ich mir deutliche Worte anhören: Beschimpfungen, Flüche, Gewaltandrohungen. Und immer wieder die aufgeregte Frage: »Woher haben Sie meine Telefonnummer?« Das wusste ich selbst nicht, die Nummern meiner Opfer ploppten auf dem Bildschirm auf, ich musste nur anrufen und abzocken. Bei unangenehmen Nachfragen lenkte ich vom Thema ab, am besten mit einer Gegenfrage. Diese Taktik war genau festgehalten in dem mehrseitigen Manual mit dem schönen Titel »Einwandsbehandlung«, das jeder Mitarbeiter an seinem Platz neben dem Headset liegen hatte. Überrumpeln, nachhaken, Druck ausüben, das waren unsere Mittel. Unser Teamleiter war ein schnöseliger Polohemdträger mit großen Poren. Sein Lieblingsspruch lautete: »Nur ein dummer Angler lässt einen zappelnden Fisch wieder vom Haken.«

Rita war bald mein einziger Hoffnungsschimmer in diesem kaputten Laden. Wir begegneten uns zum ersten Mal vor dem Snackautomaten im Pausenraum. Sie wollte sich ein Balisto ziehen, doch ihre Münzen reichten gerade für ein Duplo. Ich legte zwanzig Cent drauf und sie war glücklich.

»Danke, mein Retter«, sagte sie. Ich ging davon aus, dass sie mir ein Stück abgeben, es mir zumindest anbieten würde, ich würde dann gönnerhaft ablehnen. Aber sie machte gar keine Anstalten. Stattdessen sagte sie:

»Ich habe dich beobachtet. Du musst selbstsicherer auftreten, sonst kriegst du keine anständige Quote.«

»Ich dränge mich Leuten nicht gerne auf, weißt du.«

»Aber du bist doch freiwillig hier, oder? Zwingt dich ja keiner.«

Da hatte sie recht. Ich wusste nicht, was ich noch sagen sollte, und weil mir Gesprächspausen schnell unangenehm sind, verließ ich den Raum. Sie hatte mich also beobachtet. Was für ein Kompliment. Wir waren pro Schicht bestimmt achtzig Mitarbeiter, allein in unserer Abteilung. Und sie hatte ausgerechnet mich beobachtet. Von jetzt an würde ich zurückbeobachten.

Das meiste Zeugs, das ich Fremden andrehte, brauchten die vermutlich nicht. Ich konnte ihnen aber auch nicht heimlich raten, einfach aufzulegen. Unsere Gespräche wurden mitgeschnitten, angeblich nur stichprobenhaft und natürlich bloß zur Qualitätsverbesserung. Die besten Aufträge waren noch die Telefonumfragen. Da sollten wir den Leuten kein Geld rauben, sondern nur Zeit. Meistens ging es darum, den Bekanntheitsgrad bestimmter Waschpulver herauszufinden oder sonstige Konsumgewohnheiten zu erforschen. Um die Leute nicht gleich abzuschrecken, waren die ersten fünf Fragen meist allgemeiner Natur, wie zum Beispiel: »Sind Sie mit dem gegenwärtigen Gesellschaftsklima in Deutschland zufrieden?« Erst danach ging es um Waschmittel. Wenn wir aus Erfahrung wussten, dass eine Umfrage etwa zwölf Minuten dauerte, versprachen wir den Leuten, sie dauere nur fünf.

Rita saß zwei Reihen weiter hinten an einem Fensterplatz, mit dem Gesicht in meine Richtung. Sie lachte viel beim Telefonieren, wahrscheinlich flirtete sie mit ihren männlichen Gesprächspartnern. Kein Wunder, dass ihre Quote besser war. Sie machte diesen Job offensichtlich schon eine Weile. So ziemlich genau alle neunzig Minuten verschwand sie im Pausenraum. Dann rauchte sie, das konnte ich durch die Fensterfront sehen.

Gemeinsame Raucherpausen sind ein einfacher Weg, jemanden kennenzulernen. Man braucht keine Begründung, man stellt sich einfach dazu und kommt automatisch ins Gespräch. Nur hatte ich leider ein Jahr zuvor aufgehört, es war ein zweiwöchiger Kampf unter Schmerzen gewesen. Wollte ich diese Frau näher kennenlernen, und das wollte ich, gab es nur zwei Optionen: Entweder musste ich in die Rolle eines Süßigkeiten-Junkies schlüpfen und regelmäßig den Automaten plündern, oder ich musste wieder mit dem Rauchen anfangen. Beides ist nicht gut für die Gesundheit. Aber Rauchen sieht besser aus.

Es sollte ja auch nur für eine begrenzte Zeit sein. Die erste steckte ich mir nicht im Büro an, der Hustenreiz wäre peinlich gewesen. Ich zelebrierte es zu Hause auf meinem Sofa. Folie abziehen. Packung aufklappen. Wie vertraut der Tabak roch.

Von nun an hatten wir pro Schicht mindestens drei Mal drei Minuten zusammen, in denen wir uns unterhalten konnten. Rita erzählte mir, dass sie diesen Job genauso verwerflich fand wie ich. Und dass sie bald sowieso weg sei, sie warte nur auf einen Studienplatz an der Kunsthochschule.

»Du willst doch hoffentlich auch nicht ewig hierbleiben, oder?«

Bestimmt nicht. Aber was ich stattdessen machen wollte, konnte ich ihr auch nicht sagen. Ich habe keine großen Ansprüche im Leben. Es gibt schon genug Leute, die mit Anfang zwanzig nach Williamsburg wollen und dann doch bloß in Wilhelmsburg landen. Oder die wie Marie Nasemann eine Karriere als Topmodel anstreben und am Ende das neue Joghurette-Gesicht werden. Ich halte lieber den Ball flach.

»Mal gucken, wie es sich entwickelt«, sagte ich.

»Na wie du meinst.«

Es gefiel mir, wie forsch Rita war, manchmal auch vorlaut. Wenn ich etwas an ihr auszusetzen hatte, dann war es ihr Kleidungsstil. Sie hatte eine Vorliebe für Markenklamotten, die so unecht aussahen, dass man beim Kauf zumindest nachsehen musste, ob das »Dolce & Gabbana« am Gürtel wenigstens annähernd richtig geschrieben war.

Je mehr wir zusammen rauchten, desto öfter warfen wir uns auch während der Arbeit Blicke zu. Wir signalisierten uns mit Gesten, wie sehr uns das Telefonieren anödete, wir steckten Finger in Hälse und gähnten. Im Grunde erschien ich nur noch wegen Rita zur Arbeit.

Unser Dienst endete immer um zwanzig Uhr, das liegt daran, dass die meisten Angerufenen ungehalten reagieren, wenn man sie bei der *Tagesschau* oder danach stört. Eines Abends fragte ich Rita, ob sie noch ein Bier mit mir trinken wolle. Sie sagte, das ginge nicht, sie müsse schnell los wegen *Dr. House*. Ich meinte, das wolle ich ebenfalls sehen. Sie hätte auch *Buffy* oder Arte-Themenabend sagen können.

So nahm mich Rita mit zu sich nach Hause. Sie wohnte nicht weit, auf dem Weg warnte sie mich mehrmals, ich dürfe mich nicht erschrecken. Ihre Wohnung sei furchtbar unaufgeräumt, ich antwortete, schlimmer als bei mir könne es wohl kaum aussehen. Was man eben so sagt.

Natürlich war alles blitzblank, es roch nicht mal verqualmt. Für meinen Geschmack hatte Rita ihre Wohnung vielleicht ein wenig unambitioniert eingerichtet. Über ihrem Bett hing das viel zu oft nachgedruckte Poster mit Raffaels Engeln auf der Wolke, die Yucca-Palme fehlte auch nicht, in ihrer Kommode vermute-te ich das passende Set Joy-Gläser. Alles entschuldbar, bei einer 14-Jährigen, die noch ihren eigenen Stil sucht. Die Lichterkette an Ritas Fenster blinkte zu rot und zu aufdringlich. Alleine das Wort »Open« fehlte.

Sie machte uns Tee, Darjeeling natürlich. Ich durfte die Chips in eine Schale füllen. Ihre Katze hieß Nora, sie sagte, die habe fünfhundert Euro gekostet, sei aber wesentlich mehr wert. Auf mich wirkte sie wie alle Katzen: haarig, eigen und nicht bereit, sich von mir knuddeln zu lassen. Wir setzten uns auf die Couch. Sie verschränkte ihre Beine zum Schneidersitz, ich überlegte, wie ich auch ein bisschen lockerer dasitzen könnte, aber mir fiel nichts ein.

Rita fragte, ob ich Dr. Remy Hadley sexy finde. Ich konnte das nicht beantworten, weil ich die Serie nicht wirklich kannte. Vor-sichtshalber sagte ich: »Hm.«

»Dann bist du wohl schwul, oder was?«

»Nein. Überhaupt nicht. Ganz im Gegenteil.«

»Und wer ist so dein Typ?«

Ich wünschte, ich hätte mutig »na du« gesagt, stattdessen überlegte ich und meinte dann: »Gwen Stefani.«

»Aha«, sagte Rita und stellte mit der Fernbedienung den Ton lauter.

Womöglich hatte ich etwas falsch gemacht. Den Abend schon in der Startphase versaut. Aber dann legte sie irgendwann ihren Kopf auf meine Schulter. Diese Position halten Frauen selten lange aus, meine Schulterknochen sind recht spitz, doch Rita schien es nicht zu stören.

»Und was ist dein Typ so?«, fragte ich.

»Ich steh auf Männer, die auf den Putz hauen können.«

»Wie jetzt?«

»Na ja, die eben nicht harmlos sind.«

Es war das alte Prinzenlied: Du musst ein Schwein sein auf dieser Welt. Andererseits konnte man mich beim besten Willen nicht als »harmlos« bezeichnen. Ich arbeitete schließlich in einem Unternehmen, das unbescholtene Bürger am Telefon terrorisierte. Und wenn ich richtig aggro drauf war, sprach ich manchmal fremde Leute auf der Straße an und fragte sie, ob sie Mann oder Frau seien.

Nur bei Rita in die Gänge zu kommen, das fiel mir schwer. Nach *Dr. House* und einer weiteren Stunde sinnlosem Rumgezappe meinte sie, dass es spät sei. Ich verabschiedete mich, zog im Flur die Schuhe an, und dann standen wir uns im Treppenhaus gegenüber.

»Mir ist noch was eingefallen, was ich dir vorhin erzählen wollte.«

»Okay, sag an.«

»Ich habe meinen Nachbarn zu Silvester einen D-Böller in den Briefkasten geworfen. Und am nächsten Tag bin ich hin, und wir haben gemeinsam über die Vandalen geschimpft.«

»Nicht schlecht ...«

»Und ich hab den Verdacht geäußert, dass es vielleicht die Bulgaren-Kinder waren, die seit Kurzem in der Nachbarschaft wohnten.«

»Ich sehe, du hast wirklich eine dunkle Seite, Vincent.«

Draußen vor der Haustür bereute ich meinen schnellen Abgang. Das war jetzt doof gelaufen. Also klingelte ich noch einmal und wartete auf das Knacken in der Gegensprechanlage.

»Vincent hier. Ich habe was vergessen. Machst du auf?«

Oben angekommen atmete ich schwer, das Treppensteigen hatte mich aus der Puste gebracht. Sie stand im Türspalt und wunderte sich nicht. Ohne ein weiteres Wort küssten wir uns, und dann landeten wir in ihrem Bett. Ritas Körper war wie *Thriller* von Michael Jackson: jede Stelle absolut hitverdächtig.

Am nächsten Morgen wurde weiter geküsst. Hätte mir jemand eine Wette angeboten, ich hätte viel Geld auf Beziehung gesetzt.

Leider sah Rita das anders. Am Nachmittag erklärte sie es mir im Pausenraum. Beziehungen unter Kollegen gingen immer schief, sagte sie. Und wer könne das beurteilen, wenn nicht sie, schließlich habe sie schon drei hinter sich. Ich stand ein bisschen unter Schock, aber ich meinte, wir fänden schon eine Lösung. Sie wolle doch sowieso auf die Kunsthochschule.

»Ja schon«, sagte sie. »Aber da habe ich vielleicht Besseres zu tun.«

Sie hat tatsächlich bald gekündigt. Und ich habe sie bald vergessen. Nur von den Zigaretten komme ich jetzt nicht mehr los.

Der Killer in mir ist der Killer in dir, meine Liebe

Uwe (29), Hotelfachmann, Berlin
über
Frederike (31), Eventmanagerin, Berlin

Am Kicker fühle ich mich sicher. Ich weiß immer, wohin mit meinen Händen. Ich muss der Frau nicht in die Augen sehen. Und vor allem kann ich glänzen.

Als ich Frederike zum Spiel aufforderte, war sie sofort einverstanden. Es war Freitagabend im »Monarch«, gleich am Kottbusser Tor über einem Supermarkt. In der Kneipe wurden schon langsam die Sitzplätze knapp, doch der Kickertisch stand leer. Wir spielten zwei gegen zwei, Frederike an meiner Seite, die anderen beiden kannte ich nicht und würde ich auch nicht kennenlernen. Wir fegten sie so schnell weg, dass ich nicht mal nach ihren Namen fragte.

Ich muss zugeben: Es lag an mir. Ich kann vorne wie hinten spielen; sobald ich die Griffe anfasse, wird es gefährlich. Beim Kickern wollen alle in meinem Team sein, und das kann ich verstehen. Ein kluger Mann hat gesagt: In einem Krieg, in dem es um nichts geht, sollte man wenigstens auf der Gewinnerseite stehen.

»Du bist ein Killer«, sagte sie.

Ich konnte nicht widersprechen.

Frederikes Tischfußballfertigkeiten beschränkten sich auf unkontrolliertes Herumgeruckel an den Metallstangen, immerhin schaffte sie es, die Hände an den Griffen zu lassen, das fällt vielen Frauen schwer genug. Ich ließ sie zappeln und sagte, wir wären ein gutes Team. Beim Kickern hat man schnell Körperkontakt, der in jeder anderen Ecke einer Kneipe als unangemessen gelten würde. Nach einer gelungenen Aktion darf man sich umarmen, der Mitspielerin über den Rücken streicheln. Wenn sie einen Fehler macht, darf man genau dasselbe machen, muss dabei nur mitleidig schauen. Als Frederike ein Tor schoss, oder präziser gesagt, als ein Gegenspieler eines ihrer Männchen anschoss und der Ball dann ins Tor sprang, verbeugte ich mich vor ihr und gratulierte mit einem Handkuss.

»Ein bisschen Killer bist du aber auch.« Frederike hatte diesen auffordernden Blick: *Come in and find out.* Wir holten uns Bier und setzten uns auf das Sims an der großen Fensterfront. Von Nahem sah Frederike älter aus. Aber immer noch extrem heiß. Es war ein bisschen das Sonja-Kirchberger-Phänomen: Klar würde die jeder mit Kusshand nehmen. Aber insgeheim wünscht man sich doch, man hätte sie schon ein paar Jahre früher kennengelernt.

»Verlierst du auch mal beim Kickern?«, fragte sie.

»Wenn ich jetzt ehrlich antworte, hältst du mich für arrogant.«

Frauen wollen beeindruckt werden. Das ist leider so. Als Mann muss man Geld haben oder Macht oder einen großen Freundeskreis. Man muss an der Uni lehren oder eine Gang anführen. Hauptsache, man steht im Mittelpunkt und fällt auf. Mein Talent ist der Tischfußball.

Wenn erfolgreiche Komiker in Interviews gefragt werden, warum sie sich damals für ihren Berufsweg entschieden haben, warum sie sich freiwillig auf eine Bühne stellen und vor tausenden

Erwachsenen herumblödeln wollten, dann kommt fast immer die Antwort: um Frauen aufzureißen.

Es reicht nicht, einfach ein guter Mensch zu sein. Das findet keine Frau sexy. Auch ansonsten habe ich leider nicht die beste Meinung über Frauen. Sie wollen ständig Komplimente und Aufmerksamkeit. Sie können nicht ohne leben. Die besonders krassen Fälle laufen mit T-Shirts durch die Gegend, auf denen in Brusthöhe der Aufdruck »Guck da nicht so hin« zu lesen ist.

Ich finde, solange Frauen dermaßen einfach gestrickt sind, ist es unser gutes Recht, sie auszunutzen. Das Klavier so zu bespielen, dass die besten Töne herauskommen. Und sich nicht verantwortlich zu fühlen, wenn es hinterher verstimmt ist.

Frederike hatte eine weit weniger attraktive Freundin dabei, die wir dringend loswerden mussten. Untersetzte Braut in knallig roter Lederjacke, Typ Babybel. Sie fragte, ob noch Platz auf der Fensterbank sei, und dann setzte sie sich ausgerechnet zwischen uns.

Ich beachtete sie nicht weiter und beugte mich nach vorn, um Frederike zu sehen.

Es ist nicht so, dass Männer stets die hübscheren Frauen vorziehen. Das ist ein Klischee. In der Apotheke zum Beispiel lasse ich mich lieber von einer komplett unansehnlichen Frau bedienen, gerade wenn ich Zovirax oder Blasentee oder etwas ähnlich Beschämendes erstehen möchte. Schöne Sprechstundenhilfen sind auch ein Problem, denn wenn sie wollen, können sie meine Krankenakte lesen.

Nur hier im »Monarch« zog ich die Schönere von beiden vor. Zum Glück war es wie in *Jurassic Park*: Die Natur findet immer einen Weg. Frederike musste aufs Klo, ich quälte in der Zwischenzeit ein paar nette Worte aus mir heraus, und als sie wiederkam, setzte sie sich nicht etwa zurück auf ihren alten Platz, sondern fragte mich: »Noch mal Lust auf eine Partie?«

Wir fügten weiteren Kneipengästen empfindliche Niederlagen zu, sie zappelte vorne im Sturm vor sich hin, ich machte hinten dicht und schoss Tore in Serie.

In solchen Momenten fühle ich mich unwiderstehlich. Ich bin wie Leonardo DiCaprio. Ich habe deutsche Vorfahren.

Der Abend endete mit einem Teilerfolg. Ihre Handynummer wollte sie mir nicht verraten, aber zumindest ihre ICQ-Adresse.

Am nächsten Tag rief ich meinen besten Freund Falk an. Ich schwärmte von meiner Beinahe-Eroberung und dass es nicht mehr lange dauern könne bis zum endgültigen Durchbruch. Für eine Beziehung sei sie wohl nichts, sagte ich, doch von der Bettkante wolle ich sie auch nicht stoßen. Falk bestärkte mich in meiner Absicht. Sein Frauenbild ist schlimmer als meins. Er sagt: Wenn Frauen reden wollen, sollen sie bei Domian anrufen. Er lädt jede, die er kennenlernt, egal ob Kollegin, Bekannte oder potenzielle Partnerin, bei nächstbester Gelegenheit in die Sauna ein. Und ruft mich danach an, um zu erzählen, ob sie untenrum rasiert ist und wenn ja, wie genau. Ich gebe zu, Falk ist ein wenig plump, einmal hat er in der Tram eine zeitunglesende Frau angeflirtet und gefragt, ob er sich das »Fülleton« ausleihen könne. Aber er ist ein guter Freund und hilfreicher Ratgeber. Zum Fall Frederike sagte er: »Klingt verdammt easypeasy.« Ich solle bloß an die Worte von Karl Kraus denken: »Der Beischlaf hält nie, was die Onanie verspricht.«

Ich nahm Kontakt auf und fragte, ob wir uns nicht im Park treffen wollten. Sie schrieb zurück, sie sei zu beschäftigt, diese Woche gehe es leider gar nicht. Aber bestimmt nächste. In der darauffolgenden Woche schrieb ich sie wieder an. Wie es denn aussehe mit unserem Parkbesuch und dass wir alternativ auch ins Café gehen könnten. »Café ist prima«, antwortete sie, bloß sei bei ihr gerade der Stress ausgebrochen und dass sie nächsten Monat hoffentlich mehr Luft im Terminkalender habe.

Ich wusste, worauf es hinauslief. Nur leider nicht, weshalb.

Ich schrieb Frederike erneut an und bat, mir zu helfen. Eine kleine Andeutung zu machen, an welcher Stelle ich mich falsch verhalten hatte. Ich würde sie dann auch nicht weiter belästigen.

Sie antwortete, es liege nicht an mir, sondern an ihr. Das sei bei ihr pathologisch. Sobald sie merke, dass sich ein Mann für sie interessiere, sinke automatisch seine Attraktivität. »Dann denke ich: Wenn einer mich gut findet, kann sein Marktwert nicht hoch sein.«

Mein Baby gehört zu mir

Patrick (25), Aushilfskellner, Münster
über
Rebecca (27), PR-Frau, Milwaukee

Unsere erste Begegnung verlief nicht sehr romantisch: Rebecca kam von der Toilette, ich musste drauf. Ich hatte Durchfall und warf ihr einen bösen Blick zu, weil sie mehrere Minuten das Stehklo blockiert hatte. Wie sich herausstellte, hatte sie es auch in schlechtem Zustand hinterlassen.

So empfehlenswert eine Reise nach Thailand ansonsten ist, um einen mittelschweren Durchfall kommt man als Tourist praktisch nicht herum. Ich ertrug meinen in Kombination mit Denguefieber, einer in Asien verbreiteten Viruserkrankung, ich schwitzte und fror zugleich und hatte üble Gliederschmerzen, und das in meinem ersten Urlaub seit drei Jahren.

Wir waren auf Ko Chang gelandet, einer Insel im Golf von Thailand, sechs Autostunden von Bangkok entfernt, nicht weit von der kambodschanischen Grenze. Mein Freund Kolja und ich hatten eine Bambushütte direkt am Strand gemietet. Der Sand war weiß wie in der Bountywerbung, das Meer tagsüber so warm wie zu Hause mein Badewasser. Unser Abschnitt trug den Namen »White Sand Beach«, das passte. Dutzende Hütten reihten sich an der Uferlinie entlang, dazwischen Palmen, die meisten Urlauber hier waren Backpacker aus dem Westen, Rucksackreisende, die kein Geld für Sternehotels ausgeben wollten.

Nach unserer unerfreulichen Begegnung vor der Toilette sah ich Rebecca erst einmal nicht wieder. Ich lag kraftlos im Bett, gelegentlich schaute Kolja vorbei, versorgte mich mit Cola und prahlte, welch grandiose Zeit er gerade durchlebe. Er hatte sich ein Moped ausgeliehen und erkundete damit die Insel, ich war neidisch und wünschte, er möge sich ebenfalls mit dem Denguefieber infizieren oder wenigstens in ein kleines Schlagloch brettern.

Nach sechs Tagen war ich wieder auf den Beinen. Ich hatte bestimmt zwei Kilo abgenommen und wollte nun im Zeitraffer nachholen, was ich in den Tagen zuvor verpasst hatte: Strand, Sonne, Kokosnüsse zum Austrinken und feinen Sand zwischen den Zehen. Die Reise war schließlich als Belohnung gedacht, denn ich hatte damals mein Abitur bestanden, irgendwie. Die meiste Zeit des Tages verbrachten wir am Strand, zwischendurch schnorchelten wir ein wenig, unter Wasser gab es zwar weder Korallenriffe noch bunte Fische noch irgendwas sonst zu sehen, aber wenn man die Schnorchelausrüstung extra aus Deutschland mitschleppt, fühlt man sich verpflichtet. Nach Sonnenuntergang gingen wir rüber ins »Healy's«, so hieß ein Backpacker-Restaurant in der Nähe. Die Gäste saßen nicht auf Stühlen, sondern im Sand, der Wirt hatte kleine Fackeln angezündet, ein Urlauber spielte auf seiner Wandergitarre und von irgendwoher duftete es angenehm süßlich nach Marihuana.

»Genau so habe ich mir unseren Urlaub vorgestellt.«

Kolja nickte, schien aber abgelenkt. Ich folgte seinem Blick und sah ein paar Tische weiter Rebecca, die Toilettenblockiererin. Zu dem Zeitpunkt wusste ich natürlich nicht, wie sie hieß, doch das änderte sich schnell, denn Kolja winkte sie zu uns rüber. Offenbar kannten sich die beiden bereits.

»Das ist also dein kränkelnder Freund.«

Meine Englischkenntnisse sind nicht sonderlich, aber Rebecca verstand ich ganz gut. Sie war Amerikanerin, zwei Jahre älter und aus Milwaukee, Wisconsin. Das liege im Norden an der großen Seenplatte, erklärte sie uns. Ihre Heimat hatte Rebecca seit Wochen nicht gesehen, denn sie umrundete gerade die Welt. London, Paris, München, Jerusalem, dann weiter nach Indien und jetzt eben Thailand.

Sie hatte auffällig große Nasenlöcher. Groß im Sinne von: Man konnte Zwei-Euro-Stücke reinstecken und es war immer noch Platz. Ich bewunderte diese Nase, konnte gar nicht wegschauen, im Profil war sie so herrlich konkav geschwungen. Ein Gesamtkunstwerk.

Ich sprach Rebecca nicht auf unsere Stehklo-Episode an, wahrscheinlich hatte sie die längst vergessen. Stattdessen unterhielten wir uns über Thailand und darüber, was man auf Ko Chang unbedingt gesehen haben musste. Die anderen schwärmten von Wasserfällen, Elefantenritten und handtellergroßen Schmetterlingen, ich hätte bloß die Wandmaserung meiner Bambushütte beschreiben können, also hielt ich mich zurück. »Sie hat Brüste wie Kokosnüsse«, nuschelte mir Kolja zu, und ich konnte nur hoffen, dass sie kein Deutsch verstand. Von der Sache her lag er richtig.

Zur Weltreise hatte sich Rebecca entschlossen, nachdem sie eine fünfstellige Summe von ihrer verstorbenen Tante geerbt hatte. Mich überraschte, wie gut sie über andere Länder und Kulturen Bescheid wusste. Es wird ja gerne flapsig behauptet, Amerikaner interessierten sich nicht für den Rest der Welt, zum Beweis heißt es dann, sie könnten nicht mal Schweden von Norwegen unterscheiden oder hielten Holland für die Hauptstadt von London. Aber welcher Deutsche kann auf Kommando alle amerikanischen Bundesstaaten aufzählen, geschweige denn deren Hauptstädte? Ich jedenfalls nicht. Rebecca kannte sich sogar mit europäischer

Geschichte aus. Selbst mit der Märzrevolution 1848, denn damals seien viele Deutsche nach Amerika geflüchtet.

»Und wisst ihr, wohin? Zu uns nach Wisconsin.«

Sie erzählte, dass in ihrer Heimatstadt Milwaukee durchschnittlich jeder zweite Einwohner deutsche Vorfahren habe. Ich bekam Panik, ob sie Koljas Bemerkung über ihre Kokosnussbrüste vielleicht doch verstanden hatte, aber Rebecca behauptete, sie spräche kein Deutsch. Höchstens ein paar Brocken. »Sauerkraut« natürlich und »Bockwurst«. Und »Geländewagen«. Außerdem gebe es in Wisconsin einen Ort, in dem einmal im Jahr sogenannte »Gemütlichkeit Days« gefeiert würden. Rebecca redete praktisch ununterbrochen, das meiste, was sie auf ihrer Reise erlebt hatte, war entweder *amazing* oder *awesome* gewesen. Als ihr auffiel, dass mein Vorname mit dem ihres Jugendschwarms Patrick Swayze übereinstimmte, und *oh my god*, *Dirty Dancing* habe sie mindestens vierzig Mal gesehen, da strahlte Rebecca mich kurz an, dass mir ganz warm wurde. Aber dann redete sie wieder.

Wir saßen bis spät nachts im Lokal, am nächsten Vormittag trafen wir sie am Strand. Rebecca hatte neuen Gesprächsstoff: Jemand hatte in ihrer Abwesenheit die Tür ihrer Hütte aufgebrochen, das ganze Gepäck durchwühlt, jetzt fehlten fünfzig Dollar und eine Armbanduhr. Sei aber nicht schlimm, sagte sie, eher im Gegenteil.

»Ich bin ja versichert. Und der Polizei habe ich gerade erzählt, die Diebe hätten einen Laptop und meine Luxuskopfhörer mitgenommen.« Mit diesem kleinen Versicherungsbetrug könne sie nun locker die nächsten sechs Wochen ihrer Reise finanzieren. Ich war beeindruckt.

Die heißen Mittagsstunden verbrachten wir unter einer Palme mit Meerblick, ein Hund gesellte sich dazu und döste direkt vor unseren Füßen. Auch Kolja schlief bald ein.

»Ist dein Freund immer so drauf?«, fragte sie mich.

»Wie genau meinst du das jetzt?«

»Ich meine, dass er mir ständig auf die Brüste starrt.«

»Oh«, sagte ich. Ich fühlte, wie ich errötete, dabei konnte ich doch gar nichts dafür.

Rebecca streichelte mir über die Hand und nannte mich »Sweetie«. Ich glaube, übertriebene Schüchternheit finden manche Frauen anziehend. Wir fingen an, Szenen aus *Dirty Dancing* nachzusprechen, dabei stellten wir fest, dass die deutsche Synchronfassung stark vom Original abwich. Johnnys entschiedenes »Mein Baby gehört zu mir« etwa fällt im Englischen gar nicht, stattdessen heißt es dort: »Nobody puts Baby in a corner.« Die Feststellung »Ich habe eine Wassermelone getragen« kommt dagegen auch in der Originalversion vor.

»Jetzt starrt du mich auch an«, grinste sie.

»Nein, nein, ich war nur gedankenverloren…«

Und dann fragte sie frech: »Willst du sie anfassen?«

Ich wollte.

Wir liebten uns unter der Palme, neben Kolja und einem herrenlosen Hund. Das ist ganz sicher eines der Erlebnisse, an die ich mich noch im Altersheim erinnern werde, und dann möchte ich meinem Zimmergenossen von dem Seewind berichten, der unsere Körper kühlte, und vom lieblichen Geruch von Rebeccas Sonnenmilch.

Mein Glück währte nur kurz. Schon am Abend kündigte Rebecca an, dass sie bald weiterziehen werde, in Richtung Norden nach Chiang Mai, und dann weiter in die Berge zu den Hill Tribes, bei denen die Frauen lange Hälse haben, weil sie auf ihren Schultern Metallringe übereinandertürmen. Ich fragte Rebecca, ob wir sie nicht ein Stück begleiten könnten, oder ich zumindest, aber sie lehnte ab.

Eigentlich heißt es doch, Frauen entwickelten durch Sex Gefühle. Kolja vertritt sogar die Auffassung, man könne jede noch so desinteressiert wirkende Frau dauerhaft emotional an sich ketten, wenn es nur einmal gelänge, sie ins Bett zu kriegen. »Ein Beischlaf, sie zu knechten und ewig zu binden«, nennt er das. Bei Rebecca schien unsere zärtliche Siesta unter der Palme nichts ausgelöst zu haben, bei mir dagegen umso mehr. Sie behauptete, es sei doch nur Spaß gewesen, also Spaß sieht bei mir anders aus.

For Sarah with Love

Jan (26), Politik-Student, Hamburg
über
Sarah (24), Studentin der Kulturwissenschaften, Lüneburg

Ich weiß, es gibt passendere Umgebungen, um gepflegt eine Frau kennenzulernen. Wäre ich Sarah in der Stabi begegnet oder im Café, vielleicht wäre meine Geschichte anders verlaufen. Aber ich traf sie auf einem Rockfestival. Dem »Hurricane« in Scheeßel, das ist eine Kleinstadt auf halber Strecke zwischen Hamburg und Bremen. Jedes Jahr im Juni kommen siebzigtausend Leute hierher, um zu feiern, zu campen und sich ihre Lieblingsbands anzuschauen. Für drei Tage ist Scheeßel dann der dreckigste und lauteste Ort Deutschlands, ein Ort, an dem man ungeniert über das Gelände brüllen darf, ohne schief angeguckt zu werden, an dem Betrunkene aus Langeweile Zelte anzünden und Besucher sich gegenseitig mit Schlamm bewerfen, sobald es irgendwo Schlamm zum Werfen gibt.

Wir hatten unser Zelt auf Campingplatz C aufgestellt, Spitzname Darfur, nicht weit von den Konzertbühnen entfernt und leider auch nur ein paar Meter von den Toiletten. Normalerweise zeltet da keiner freiwillig, aber wir hatten uns bei der Anreise verfahren und mussten froh sein, überhaupt noch ein paar freie Quadratmeter vorzufinden.

Mein Kumpel Volker war blau, bevor die Heringe im Boden steckten. Ich hatte ihn noch gewarnt: »Wenn du wieder so viel Jägermeister trinkst wie letztes Jahr, schläfst du draußen.« Doch Volker hörte nicht. »Kein Hurricane ohne Filmriss«, lautete seine Devise. Den Spruch hatte er sich selbst ausgedacht, und er war stolz darauf.

Volker und ich waren schon zum vierten Mal in Scheeßel, ein eingespieltes Festival-Team, ich interessierte mich für die Bands, er für Frauen und alles, was sonst Spaß machte. Trinken, Kiffen, Grillen, Unsinn anstellen. Kein Wunder, dass er Sarah zuerst entdeckte. Sie stand im Gedränge schräg links vor der großen Bühne, nicht weit von uns entfernt, und wartete auf die nächste Band. »Für die würde ich sterben«, sagte Volker. Den Satz hatte ich an diesem Tag schon öfters gehört, unter Alkoholeinfluss ist mein Freund nicht sehr wählerisch, aber diesmal hatte er recht. Sarah sah sensationell aus, ihr dunkles Haar reichte fast bis zum Steißbein, sie hatte eine Stupsnase und überall Sommersprossen im Gesicht. Ich liebe Sommersprossen. Alle meine bisherigen Freundinnen hatten welche, na gut, es waren erst zwei.

Neulich stand in der Zeitung, dass manche Frauen achthundert Euro bezahlen, um sich ihre kleinen Punkte weglasern zu lassen. Ich finde das unanständig. Viel sinnvoller wären kosmetische Operationen für Menschen, die noch keine Sommersprossen haben.

Volker drängelte sich zu Sarah vor und sprach sie an. Er ist wie ein Starbucks-Barista: Nach spätestens dreißig Sekunden muss er Blickkontakt aufnehmen und aufdringlich lächeln. Darin ist er extrem gut, egal ob mit Alkohol oder ohne. Er geht einfach auf Frauen zu und verwickelt sie in Gespräche. Er lässt ihnen keine Wahl. Nach fünf Minuten kam er grinsend zurück. Volker hatte sich mit Sarah für den späten Abend verabredet. Sie komme uns auf dem Zeltplatz besuchen, sagte er. »Ich glaube, sie ist Single. Auf jeden Fall ist sie heiß.«

Den Rest den Tages schauten wir Bands an, als Höhepunkt die Beastie Boys, auf die hatte ich mich seit Wochen gefreut. Volker war von Kräuterlikör auf Bier umgestiegen, er hatte inzwischen eine ziemliche Fahne, ich dafür einen leichten Sonnenbrand. Ab und zu zeigte er auf Frauen, für die er sterben würde. An Sarah dachten wir beide nicht mehr.

Umso überraschter war ich, als sie nachts um eins vor unserem Zelt stand. Volker schlief drinnen seinen Rausch aus, ich hockte draußen auf einer Decke. Sarah setzte sich zu mir, sie schien gar nicht enttäuscht darüber, dass nur ich noch wach war, wir unterhielten uns und tranken Rotwein. Sarah kam aus Lüneburg, studierte dort Kulturwissenschaften, das letzte Jahr hatte sie in England verbracht. Und ja, sie war Single. Seit zwei Jahren schon. »Das habe ich mir nicht ausgesucht«, meinte sie, es passiere halt nichts Spannendes in ihrem Leben.

Das Traumfrau-bleibt-alleine-Syndrom. Die schönsten Frauen werden nie angesprochen, weil die Männer zu feige sind. In ganz kühnen Momenten überlege ich, ob auch ich an diesem Syndrom leide, ob die Frauen mich nur deshalb nicht ansprechen, weil sie sich minderwertig fühlen. Das ist natürlich eine gewagte These, aber eigentlich sehe ich ganz gut aus, besser als Volker zumindest, der geht mir bis zum Kinn und hat einen Bauchansatz, seit er 15 ist.

Ich war noch immer von Sarahs Sommersprossen begeistert. Selbst im Dunkeln konnte ich sie erkennen, auch ihre Arme waren mit unzähligen kleinen Pünktchen überzogen. So extrem hatte ich das bisher nur bei Lindsay Lohan gesehen. Wem das noch nicht aufgefallen ist, soll sich mal *Bekenntnisse einer Highschool-Diva* ausleihen und dann auf Standbild stellen. Habe ich gemacht. Ich sag aber nicht, wie oft.

Je länger wir auf unserer Decke saßen, desto deutlicher wurde mir, dass Sarah und ich ausgezeichnet zusammenpassten. Wir beide liebten es, mit dem Rucksack durch fremde Länder zu reisen, wir mochten Platzregen im Sommer und Schwarzbrot mit Bananensenf.

»Weißt du, dass Sarah mein Lieblingsname ist?«, fragte ich, als es schon fast wieder hell wurde. »Wenn ich mal eine Tochter bekomme, soll sie einen biblischen Vornamen haben. Judith oder Ruth vielleicht, am liebsten aber Sarah.«

Dann schwiegen wir einfach. Es war ein angenehmes Schweigen, so wie es zwischen zwei Menschen entstehen kann, die wissen, dass sie sich gefunden haben. Jedenfalls kam mir das so vor. Nur Volkers Schnarchgeräusche störten die Romantik, und von den Toiletten stank es ein bisschen herüber.

»Ich kann aus der Hand lesen«, sagte ich schließlich. »Soll ich mal?«

Sarah streckte mir ihre Rechte hin, ich beugte mich vor und begann, ihre Handinnenfläche im Mondschein genau zu betrachten. Viele denken ja, man muss fürs Handlesen bloß die Lebenslinie kennen, vielleicht noch die Glücks- und die Schicksalslinie. Es ist viel komplizierter. Zum Beispiel hat jeder Mensch dort, wo die Hand endet und der Arm anfängt, mindestens zwei Furchen in der Haut. Die untere verrät, wie fruchtbar man ist: Geht die Linie ganz durch, bekommt er später viele Kinder. Ich habe das in einer Frauenzeitschrift gelesen. Esoterik interessiert mich, weil man sie gut zum Flirten einsetzen kann. Gerade das Handlesen ist ein effektives Mittel, um fremden Singlefrauen auf Partys in kurzer Zeit sehr nahezukommen. Bietet man dann noch an, ihren Aszendenten auszurechnen, rücken sie ihre Telefonnummer raus. Aszendenten muss man zu Hause in einer Tabelle nachschlagen, das geht nicht so aus dem Stegreif.

Das Wichtigste beim Handlesen ist das Schmeicheln. Das würden zwei von zwei meiner Exfreundinnen bestätigen. »Du hast unheimlich viel Potenzial in dir«, sagte ich. Dann prophezeite ich Sarah, dass ihr eine Karriere an der Uni bevorstehe, dass sie mindestens neunzig werde und noch einige überraschende Wendungen in ihrem Leben erwarten könne. Nicht, dass dies alles auch nur annähernd in ihrer Hand geschrieben stand, aber darum ging es hier nicht.

Sie schien sich zu freuen und lächelte. Ich überlegte, ob dies der richtige Moment für einen Kuss sei, doch leider bin ich nicht der Typ, der sofort auf Risiko geht, also beließen wir es beim Quatschen, tauschten Telefonnummern aus und wünschten uns eine gute Nacht.

Ich wachte erst am Nachmittag auf. Die Sonne knallte auf das Zeltdach, ich schwitzte in meinem Schlafsack. Vor dem Eingang hockte Volker auf derselben Stoffdecke, auf der Stunden zuvor noch Sarah und ich gesessen hatten. Er aß kalte Bockwürste direkt aus dem Glas. Einen Grill hatten wir nicht dabei, die Würste schmeckten uns auch so. Hauptsache, es gab genug Senf.

»Sarah war eben hier und hat nach dir gefragt«, begrüßte er mich.

Ich kroch aus dem Zelt, fischte mir eine Bockwurst heraus und tat möglichst unaufgeregt. »Sie meinte, du hast ihr letzte Nacht die Zukunft vorausgesagt.« Ich schwieg. Volker wusste genau, was es bedeutete, wenn ich Frauen aus der Hand las. Und er wusste, wie sehr ich Sommersprossen mag.

»Du wirst sie nicht kriegen. Kapiert?«

Wir hatten uns schon einmal um eine Frau gestritten, Marion, am Ende landete er mit ihr in der Kiste, und danach meinte er, jetzt könne sie mir gehören.

»Hättest du wirklich Interesse an Sarah«, sagte ich, »wärst du gestern nicht schon um Mitternacht eingepennt. Übrigens hast du geschnarcht, während sie hier saß.«

»Davon hat sie mir nichts erzählt«, erwiderte er. »Bloß davon, dass sie Handlesen für großen Quatsch hält.«

Wir tauschten noch ein paar Gemeinheiten aus, Volker bot mir eine Wette an, wer von uns Sarah erobern würde, doch ich lehnte ab. Ich fand das geschmacklos, aber vor allem wollte ich seinen Ehrgeiz nicht unnötig steigern.

Zum Duschen blieb mir keine Zeit, Volker hatte sich mit Sarah unter dem mobilen Bungeekran verabredet, da wollte ich unbedingt dabei sein.

Im Nachhinein glaube ich, Volker hat mich damals absichtlich nicht früher geweckt, damit ich möglichst ungepflegt über das Festivalgelände laufen musste. Ich sprühte mich mit einer Überdosis Deo ein, dann zogen wir los. Sarah wartete schon. Zu meiner Freude begrüßte sie zuerst mich, dann Volker, und als Volker ihr später einen Schluck von seinem Bier anbot, lehnte sie ab. Meins nahm sie gerne.

Von nun an wichen wir nicht mehr von ihrer Seite. Wir schauten uns eine Gruppe nach der anderen an, wir gaben uns gegenseitig Runden aus; ich trank immer mit, weil ich nicht als Schwächling dastehen wollte. Ich flirtete mit Sarah, Volker tat es auch, aber weniger charmant. Ich fühlte mich auf der Siegerstraße und ärgerte mich fast ein bisschen, dass ich Volkers Wettangebot ausgeschlagen hatte. Endlich konnte ich ihm zeigen, wer von uns das eigentliche Alphamännchen war. Rache für Marion.

Am Abend machten wir es uns wieder vor dem Zelt gemütlich. Wir hatten alle zu viel getrunken, ich hatte es leider besonders übertrieben und war richtig in Angriffslaune.

Ich verriet Sarah, dass Volkers letzte Freundin ihn mit zwei Männern hintereinander betrogen hatte, ohne dass er etwas davon merkte, und dass sein Spitzname in der Schule »Willi« gewesen war, weil er so aussah wie der dicke Freund von Biene Maja. Normalerweise kann ich Geheimnisse für mich behalten, aber in dieser Nacht war ich in Fahrt und vielleicht ein bisschen überheblich. Außerdem schätzen Frauen an Männern eine gewisse Grundaggressivität. Ich weiß, sie behaupten gerne das Gegenteil, aber wenn sie vor die Wahl gestellt werden, entscheiden sie sich

doch lieber für den Mafioso als für den Mitarbeiter einer Igelauf-
fangstation.

Irgendwann gab mein Kontrahent auf, er verzog sich ins Zelt.
Ich glaube, ich steckte Sarah noch, dass Volker vor Jahren auf
einer Party einen Jungen geküsst hatte, woraufhin er aus dem Zelt
heraus brüllte, ob ich bitte endlich die Klappe halten könnte. Die
Kunststoffwände sind ja sehr dünn.

Ich fragte sie, ob ich mir nicht wünschen könne, heute Nacht
in ihrem Zelt zu schlafen, und ob, wenn der Wunsch in Erfüllung
ginge, dann einer der Punkte aus ihrem Gesicht verschwinde, so
Sams-mäßig. Sie sagte »toll«, diesen Witz habe ja noch gar niemand in ihrer Gegenwart gemacht.

Ich begann, Sarah mit Komplimenten zu überhäufen, und wie
immer in angetrunkenem Zustand waren es nicht die raffinier-
testen.

»Ich finde dich fast so schön wie Lindsay Lohan«, sagte ich.
Sie antwortete nur, dass sie mal lieber ins Bett gehe. Also jetzt
oder nie.

»Darf ich dich küssen?«

»Versuch's doch«, sagte sie.

Ich weiß noch, dass ich ihre Lippen verfehlte und stattdessen
die Nase traf. Es muss sehr armselig ausgesehen haben.

Ich fragte, ob ich ihr noch einmal aus der Hand lesen solle, sie
lehnte ab, nicht ohne den Hinweis, dass ich stattdessen schnellst-
möglich eine Dusche nehmen sollte. »Und Zähne putzen.«

Ich weiß nicht, ob sie Mitleid mit Volker hatte oder ob ich einfach nicht ihr Typ war. Ich schrieb ihr am nächsten Tag eine SMS,
aber sie antwortete nicht. Sarah, wenn du das hier liest: Ich bin
eigentlich ganz anders.

Liebe ist, wenn es Landliebe ist

Alex (18), Schüler, Meckenheim
über
Diana (19), Auszubildende, Meckenheim

Die Nacht vor dem 1. Mai wird in Deutschland überall anders gefeiert. In Berlin und Hamburg trifft man sich mit Freunden in Parks oder Kneipen, hängt ab, zu später Stunde legt man sich ein wenig mit der Polizei an. Anderswo bauen Menschen Lagerfeuer und tanzen wild drum herum, um die bösen Geister zu vertreiben. Auch wir im Rheinland haben eine Tradition, zugegeben eine sehr bizarre: Bei uns stellen die Männer geschmückte Birken unter die Fenster der Frauen, mit denen sie gerne zusammen wären. Je kräftiger der Baum, desto größer die Zuneigung. Damit es am nächsten Morgen nicht zu Verwechslungen kommt und die Beschenkte sofort weiß, welcher Verehrer an sie gedacht hat, werden kleine Karten mit Widmungen in die Zweige gehängt. Zum Schmücken verwendet man in Streifen geschnittenes Krepppapier, das sieht für Außenstehende wahrscheinlich komisch aus, denn welcher zurechnungsfähige Mann fasst sonst freiwillig Krepppapier an. In dieser einen Nacht des Jahres ist das im Rheinland okay.

Idealerweise sollte jeder Mann pro Nacht nur einen Baum stellen, zumindest sollten sich die beschenkten Frauen nicht untereinander kennen. Weil die Frauen oft unangenehm überrascht sind, wer ihnen da Avancen macht, hagelt es in der ersten Maiwoche haufenweise Körbe. Auch ich habe schon zwei bekommen, mein letzter jedoch ist mir besonders peinlich.

Wir waren zu sechst unterwegs. Jeder von uns wollte einen Baum schenken, also hatten wir verabredet, uns gegenseitig beim Schmücken und Tragen zu helfen. Meckenheim ist eine kleine Stadt, 15 Kilometer südlich von Bonn gelegen, und wer schon meint, in Bonn sei nichts los, der soll erst mal in Meckenheim vorbeischauen. Immerhin wird bei uns der »Grafschafter Zuckerrübensirup« hergestellt, das klebrige Zeug, das in gelber Verpackung in jedem Supermarkt steht. Außerdem haben wir einen echten Prominenten, Tim Lobinger, den gut aussehenden Stabhochspringer, die »Anna Kurnikowa der Leichtathletik«, wie man sagt. Meckenheim ist so überschaubar, dass man prima zu Fuß von einem Ende zum anderen laufen kann.

Autofahren wäre auch nicht gegangen, wir waren alle bereits am späten Nachmittag betrunken, das gehört zum Brauch des Maibaumstellens dazu. Um Geld zu sparen, wollten wir unsere Birken nicht beim Händler kaufen, sondern selbst mit der Axt schlagen; das war zwar illegal, aber auch gängige Praxis, jedenfalls in meinem Freundeskreis.

Ich war schon eine ganze Weile in Diana verknallt, wir kannten uns vom Tennisverein und vom Pausenhof, sie besuchte dieselbe Schule, eine Stufe über mir. Ich glaube, sie wusste damals schon, wie sehr ich sie mochte. Zumindest muss sie es geahnt haben. Einmal waren wir gemeinsam bei »Rhein in Flammen«, so heißt das große Feuerwerk am Bonner Rheinufer, die Menschen bringen Wolldecken mit und starren zu Tausenden in den Nachthimmel. Ich saß neben Diana und hielt sie im Arm. Es war kalt damals, ich kann also nicht mit Sicherheit sagen, ob das ein Flirt oder bloß freundschaftliches Wärmen war.

Am Nachmittag des 30. April traf ich meine Freunde im Wald, wir suchten uns sechs große, einigermaßen gerade gewachsene Exemplare aus und schleppten sie zu Gerrit auf den Garagenhof. Birken haben einen recht dünnen Stamm und schmale Äste. Man muss nicht besonders kräftig sein, um so einen Baum hinter sich herzuziehen.

Das Schmücken fiel uns schon schwerer. Keiner in der Gruppe verfügte über eine kreative Ader und konnte auch nur annähernd beurteilen, ob blaue Kreppfetzen besser neben rote oder gelbe passten. Doch je mehr Kölsch wir tranken, desto nebensächlicher wurde die Farbgestaltung, wir malten uns lieber aus, wer von uns zuerst von seiner Angebeteten erhört würde. Was Diana betraf, war ich unsicher: Die Frau hatte an unserer Schule den Ruf einer wählerischen Diva. Sie war eine kleine verwöhnte Prinzessin, eine typische Arzttochter. Seit zwei Jahren hatte sie keinen Freund gehabt. Immerhin hatte mir eine Freundin verraten, dass Diana mich »korrekt« fand. Was immer das bedeuten mochte.

Nach Einbruch der Dunkelheit zogen wir los, jeweils zu zweit trugen wir einen Baum über den Gehweg. Meckenheim ist eine gutbürgerliche Stadt, um nicht zu sagen eher konservativ, unsere Schule heißt Konrad-Adenauer-Gymnasium, das passte ausgezeichnet, wo doch richtige Bildungseinrichtungen Stauffenberg oder Bonhoeffer oder wenigstens einen alten Humanisten im Namen tragen. In Meckenheim reiht sich ein Einfamilienhaus an das nächste, und spätestens mit Beginn der *Tagesschau* wird es ruhig auf den Straßen. An diesem Abend war das anders, schon bald begegneten wir der ersten Gruppe angetrunkener Jungs, sie hatten ebenfalls geschmückte Birken dabei. Wir grüßten und zogen unserer Wege.

Den mickrigsten Baum unserer Gruppe schleppte Jan-Phillipp, das aber aus gutem Grund: Ulrike und er gingen schon seit der Mittelstufe miteinander, rein regeltechnisch gab es also keinen

Anlass, einen Baum aufzustellen. Ulrike hatte ihn dieses Jahr trotzdem gedrängt, sie fand den Gedanken so romantisch, und ihr Freund hatte Ja gesagt, wie Freunde es immer tun, wenn der Druck groß genug ist. Allerdings gab er sich keine besondere Mühe, der Stamm seiner Birke verlief nach oben hin schief, auf einer Seite trugen die Äste kaum Blätter. Wir rissen Witze über Jan-Phillipp und seinen Krüppelbaum, ihn störte das nicht, er wies zu Recht darauf hin, dass er als Einziger in der Runde eine Beziehung vorweisen könne.

Kurz vor Mitternacht hatten wir die ersten drei Birken aufgestellt, wir mussten zurück und die restlichen holen. Auch unsere Kölschvorräte neigten sich dem Ende entgegen. Im übrigen Deutschland wird gerne über Kölsch gelästert, weil es angeblich so wässrig schmecke und gar kein richtiges Bier sei. Stimmt aber nicht, Kölsch hat einen Alkoholanteil von 4,9 Prozent, das ist genauso viel wie bei anderen Sorten; wer's nicht glaubt, soll bitte im Getränkehandel die Etiketten vergleichen. Jedenfalls waren wir ziemlich blau, und an der Tankstelle besorgten wir Nachschub.

Baum Nummer vier musste unter das Fenster eines Mädchens namens Rachel, mein Freund Gerrit hatte Interesse an ihr. Leider gab es ein Problem. Als wir vor dem Haus ihrer Eltern standen, lehnte dort schon eine andere Birke mit widerlich viel Krepppapier an der Hauswand. »Dein Jochen« stand auf der Karte. Zum Glück gibt es im Rheinland eine klare Regelung für solche Fälle: War ein anderer Verehrer schneller, nimmt man dessen Baum und entsorgt ihn im nächsten Straßengraben. Genau so machten wir es. Das war nur gerecht, Jochen hätte schließlich neben seiner Birke Wache halten können. Wir mussten davon ausgehen, dass Rachel ihm nicht viel bedeutete und dass sie jemand besseren verdiente, Gerrit zum Beispiel. Im Nachbarort Adendorf geht es noch härter zu: Um dort überhaupt einem Mädchen einen Maibaum stellen zu dürfen, muss man der Dorfjugend erst zwei

Kästen Bier vorbeibringen, sonst entsorgen sie den Baum vor dem Morgengrauen.

Auch Diana wohnte noch bei ihren Eltern. Ihr Zimmer lag im ersten Stock, das Fenster ging raus zum Garten. Ich hatte mich schon darauf vorbereitet, dass wir über den mannshohen Zaun klettern müssten, um nah genug an ihr Fenster zu gelangen, doch überraschenderweise stand das Gartentor offen. Ob sie mit nächtlichem Besuch rechnete? Vielleicht sogar mit meinem? Wir schlichen in den Garten und lehnten den Baum vorsichtig an die Hauswand. Ob uns wirklich keiner bemerkte, weiß ich nicht, Betrunkene neigen nicht zum Flüstern, und während ich noch überprüfte, ob mein Baum auch fest stand, testete Gerrit die quietschende Gartenschaukel aus.

Wir waren bereits auf dem Nachhauseweg, als Jan-Phillipp plötzlich innehielt. Wir standen vor der schönsten Birke, die ich je gesehen hatte. Sie war so prächtig und gerade und symmetrisch gewachsen, dass man meinen konnte, ein wohlwollender Schöpfer habe sie liebevoll am Reißbrett entworfen. Der Baum wuchs im Vorgarten eines Eckhauses, laut Türschild wohnte hier Familie Räker. Ich kannte sie nicht, doch Herr und Frau Räker waren vermutlich sehr stolz auf ihre Birke.

Sie musste umgehend gefällt und ihrer wahren Bestimmung zugeführt werden. Strittig war nur, wer sie bekommen sollte. Jan-Phillipp regte ein spontanes Straßenkampf-Match an, »so ein bisschen wie in *Fight Club*«, dem Gewinner sollte dann der Baum zufallen. Sein Vorschlag fand keine Mehrheit, wir waren zu betrunken und hätten uns wahrscheinlich die Zähne ausgeschlagen. Man weiß ja, was passiert, wenn alkoholisierte Heranwachsende aufeinander einprügeln: Am Ende heult einer.

Wir überlegten hin und her, dann lösten wir den Konflikt pragmatisch. Das Mädchen, dessen Haus am nächsten lag, sollte den Baum bekommen. Also meine Diana. Ich joggte nach Hause, um ein Beil zu holen, nach zwanzig Minuten fand ich meine Gruppe in desolatem Zustand vor. Sie hatten es sich inzwischen im Blumenbeet der Räkers zwischen Veilchen und Hyazinthen gemütlich gemacht, das war unvorsichtig, doch wir hatten Glück, die Familie war offensichtlich verreist.

Ich schlug mehrmals daneben, bis der Baum endlich kippte. Wir trugen ihn rüber in Dianas Garten und stellten ihn zum Vergleich neben dem alten auf.

Jede Frau musste dahinschmelzen bei seinem Anblick. Wir wickelten das Krepppapier von den Ästen des einen und schmückten damit den anderen. Zum Glück dachte ich auch daran, die Karte mit Widmung umzuhängen. Dann schafften wir das alte, unperfekte Exemplar fort, entsorgten es auf einem Feldweg und kehrten heim. Was für ein lustiger Abend, dachte ich. Hoffentlich auch ein erfolgreicher.

Ich musste nicht lange auf Dianas Reaktion warten. Schon beim Aufwachen am Mittag fand ich eine SMS auf meinem Handy. »Tausend Dank. Bin echt gerührt!!!!!« Es waren fünf Ausrufezeichen. Ich fühlte mich spektakulär gut, plante mein weiteres Vorgehen, bis am Abend die nächste Textnachricht kam. »Bist du verrückt, den Baum von Räkers zu klauen?«

Ich verstand nicht und rief sie sofort an. Diana tobte, nannte mich den hirnverbranntesten Jungen Meckenheims.

Mit einigem inneren Abstand kann ich heute sagen: Ja, mir hätte auffallen müssen, dass zwischen dem Grundstück der Räkers und Dianas Elternhaus nur ein paar Meter Luftlinie lagen. Wie sich herausstellte, verband die Familien sogar eine enge Freundschaft. Die beklauten Räkers hatten ihren Baum sofort erkannt, wir einigten uns gütlich, ich zahlte hundert Euro für einen neuen und die platt getrampelten Hyazinthen. Diana ließ sich nicht besänftigen, ich hatte sie vor ihren Eltern und der ganzen Nachbarschaft blamiert – zu viel für eine kleine verhätschelte Arzttochter.

Über Wochen hielt ich mich auf dem Pausenhof von ihr fern, erst im Juni grüßte sie wieder.

Ich bilde mir ein: Wäre das Malheur mit der Birke nicht passiert, ich hätte eine echte Chance gehabt.

Du trägst keine Liebe in dir

Robert (32), Ingenieur, Köln
über
Simone (32), Bühnenbildnerin, Köln

Können Mann und Frau bloß Freunde sein – selbst wenn beide heterosexuell veranlagt sind und einander prinzipiell attraktiv finden? Ich wünschte, ich könnte daran glauben.

Meine Freundschaft zu Simone hielt zwei Jahre, dann verliebte ich mich doch.

Simone lebt ein Stockwerk über mir in der vierten Etage. Ich höre praktisch alles von ihr: wenn sie duscht, die Waschmaschine anstellt, übers Parkett stapft, nachts um zwei nach Hause kommt und fernsieht. Ich höre sie unter der Dusche singen, nicht sehr melodisch und meistens Joe Cocker, aber selbst das stört mich nicht.

Sie war die erste Nachbarin, die ich nach meinem Einzug kennenlernte. Ich brauchte eine Leiter, um eine Glühbirne einzudrehen, also klingelte ich mich von einer Tür zur nächsten. Wohnungen sind wie Adventskalender, hinter jeder verschlossenen Tür steckt eine Überraschung. Zum Glück bin ich die Treppe aufwärts gegangen, wer weiß, mit wem ich mich sonst angefreundet hätte.

Simone hatte nicht nur eine Leiter für mich, sie war mir auch gleich sympathisch. Sie sagte, sie sei selbst erst vor ein paar Monaten eingezogen, und wenn sie mir einen Tipp geben dürfe: Ich solle besser nicht das Altpapier in der normalen Tonne entsorgen, der Hausverwalter wühle so lange, bis er einen Briefumschlag finde.

»Ach herrje. Noch etwas, auf das ich achten sollte, außer der Mülltrennung?«

»Fällt mir jetzt nichts ein. Vielleicht, wenn du die Leiter zurückbringst.«

Ich ging runter und tauschte die Glühbirne aus, als ich wieder bei ihr klingelte, hatte sie bereits Tee aufgesetzt.

Wir verbrachten den Abend in ihrer Küche, wir merkten sofort, dass die Chemie stimmte. Sie war wie ich 28, und lustigerweise hatten wir eine ganz ähnliche Biografie: nach der Schule schnell aus der Kleinstadt geflüchtet, ich aus Hornburg in Niedersachsen, sie aus Könnern, das liegt in Sachsen-Anhalt. Außerdem mussten wir beide auf einen Studienplatz warten, und die Zeit verbrachten wir hauptsächlich mit Kellnern, im Park herumlungern und dem Schmieden großer Pläne.

Es war einer dieser kurzweiligen Abende, bei denen man irgendwann auf die Uhr schaut und merkt, dass es schon weit nach Mitternacht ist, obwohl man sich fühlt, als wäre es gerade erst zehn. Von diesen Abenden hatten wir in der nächsten Zeit einige. Sehr bald zählte ich Simone zu meinen engsten Freunden. Darüber, dass zwischen uns etwas laufen könnte, dachte ich nicht nach, denn im Grunde ging ich nicht davon aus, dass sie an mir Interesse haben könnte. Sie war eine Hipsterin, konnte Ringelshirts, Pudelmützen, Neonarmbänder und ranzige Flohmarkttaschen stilsicher zu immer neuen Outfits zusammenmixen, hatte einen Sinn für geschmackvolle Wohnungseinrichtungen, kannte Leute, die sie zu Vernissagen einluden. Ich hatte Schuhe von Deichmann. Außerdem hatte ich schon beim Begrüßungstee in der Küche das Bild von Mark gesehen, ihrem Freund. Typ Philosophie-Student, mit Seitenscheitel und Rollkragenpulli. Ein hübsches Paar.

Auch als sie Mark abservierte und zwei Anstandswochen später mit Jörg zusammenkam, dachte ich nie an mehr als Freundschaft. Ich schwärmte damals noch für eine andere Frau, mit der ich auf einer Party bereits gefummelt hatte; woraufhin ich vor Freunden behauptete, wir führten eine On-off-Beziehung, woraufhin die es ihr erzählten und sie mächtig sauer war.

Was mir an Simone besonders gefiel, waren ihr schwarzer Humor und ihre Fähigkeit zur Selbstironie. Sie machte sogar Scherze über ihre Gesichtsfalten, sie hatte schon ganz schön viele für eine 28-Jährige, auf der Stirn und um den Mund herum zeichneten sie sich am deutlichsten ab.

Obwohl wir in zwei getrennten Wohnungen auf zwei verschiedenen Stockwerken lebten, fühlte ich mich bald wie in einer WG, so eng war unser Verhältnis geworden. Da ich gerne kochte und sie eher nicht, kam sie oft zu mir runter zum Abendessen. Ihre Aufgaben waren das Tischdecken, der Abwasch und die Versorgung mit Weißwein. Manchmal brachte sie ihre Gitarre mit und klimperte etwas, während ich kochte. Und oft versackten wir dann nach dem Essen vor dem Fernseher, bis die Weinflasche geleert war. Die Straße runter gab es eine Videothek, bei der waren wir Stammkunden.

Sie konnte mir auch die Schultern massieren oder eng an mich gekuschelt auf meinem Sofa einschlafen, ohne dass sich bei mir etwas regte. Wir fragten uns manchmal im Scherz, warum wir eigentlich keinen Sex hatten.

»Jetzt liegen wir schon in deinem Wohnzimmer«, sagte sie einmal. »Du müsstest nur meine Gürtelschnalle öffnen, dann könnten wir loslegen.«

Wir lachten und wussten beide, dass sie es nicht ernst gemeint hatte. Kriselte es zwischen Simone und einem ihrer Freunde, und von denen gab es einige im Laufe der Zeit, dann scherzten wir darüber, dass wir früher oder später ja sowieso ein Paar werden würden. Einmal waren wir zusammen shoppen, und in der Boutique sagte Simone ganz trocken, sie brauche jetzt unverzüglich Sex und ob ich sie nicht kurz in die Umkleidekabine begleiten könne, um mich vernaschen zu lassen. Ein anderes Mal wollte sie wissen, ob ich ihren Busen zu klein fände und ob sie vielleicht auf Brustimplantate sparen sollte. Ich durfte anfassen und urteilte wahrheitsgemäß: »Nein, Implantate sind nicht nötig.«

Es war eine wunderbare Freundschaft. Vielleicht die bestmögliche zwischen Mann und Frau. Warum es sich änderte, kann ich nicht sagen. Dass es sich änderte, begriff ich, als sie mir Florian vorstellte, einen weiteren ihrer Freunde. Der sah mir irgendwie ähnlich, war auch kein Hipster, kein Galeristentyp oder Szene-DJ, sondern einfach der Florian, und ich dachte, warum darf der mit Simone ein Bett teilen und ich nicht.

Eigentlich halte ich mich nicht für einen besitzergreifenden Menschen, doch hier war ich an einem Punkt angelangt, an dem ich nicht mehr teilen wollte. Ich wollte Simone ganz für mich.

Ich hatte mich sogar in ihre Gesichtsfalten verliebt. Eigentlich waren es doch eher Fältchen.

Als wir wieder einmal eng aneinandergekuschelt auf meinem Sofa lagen und im Fernsehen eine Liebesszene lief, sagte sie: »Das könnten wir besser machen.«

Ich sagte: »Wegen mir sofort. Jetzt und hier.«

Simone stieg aber nicht drauf ein.

Wie gesagt bin ich überhaupt nicht trendbewusst. Ich glaube, ich habe seit den späten Neunzigern so ziemlich jeden Trend verpasst, den es nur zu verpassen gab. Hacky Sack, Skiken, Pokémon, Nietengürtel, Tamagotchi, mit dem Rauchen aufhören, blinkende Monster-Jojos, mit dem Rauchen wieder anfangen, Slacklining, American Apparel, Lomo-Kameras. Selbst die Bionade entdeckte ich erst für mich, als die coolen Leute es schon wieder *lame* fanden.

Das heißt aber nicht, dass ich keinen Geschmack habe. Ich mag zum Beispiel Musicals. An einem Samstagabend im März gab es eine große Gala in der Kölnarena, die besten Sänger aller deutschsprachigen Musicals sollten dort auftreten und ihre Hits präsentieren, mit Einlagen aus *Phantom der Oper, Aida* und *Grease*. Ich gebe zu, das ist keine coole Location für ein Date. Aber weil ich über Freunde zwei Freikarten zugelotst bekommen hatte, fragte ich Simone, ob sie mich begleiten wolle.

Sie sagte: »Wow, mal was anderes.«

Ihre anfänglichen Vorbehalte gab sie schnell auf. Der Regisseur hatte sich ganz gute Gags einfallen lassen, zu einem Song aus *Miss Saigon* ließ er amerikanische Soldaten sich von der Decke abseilen. Simone hat ziemlich lange geklatscht am Schluss.

Wir gingen noch in die Kneipe, sie sagte, so gut hätte sie es sich wirklich nicht vorgestellt.

»Was war denn dein Highlight?«, fragte ich, sie dachte nach und entschied sich für die Tanzchoreografie bei *Mamma Mia!*, und als sie die Frage zurückgab, sagte ich:

»Na, du warst heute mein Highlight.«

Sie begriff, dass es diesmal keiner unserer üblichen Scherze war, dass ich es diesmal so meinte.

Ich legte meine Hand auf ihre, sie sah mich etwas unschlüssig an. »Möchtest du von mir eine Rückmeldung haben?«

»Ja bitte.«

»Ich will dich wirklich nicht verletzen, Robert. Aber wenn ich auch etwas für dich fühlen würde, meinst du nicht, dass ich dir irgendwie Zeichen gegeben hätte?«

Natürlich hatte sie mir Zeichen gegeben. Sie hatte mir sogar vorgeschlagen, mich in der Umkleidekabine zu vernaschen. Aber würde es helfen, ihr das jetzt vorzuhalten?

Vergebliche Triebesmüh

René (26), Altenpfleger, Berlin
über
Dana (21), Anwaltsgehilfin, Poznan

Mein schlimmstes Date hatte ich mit Janine. Wir spazierten durch den Grunewald, meine Nase lief schrecklich und ich hatte kein Taschentuch bei mir. Meine gesamte Konzentration musste ich darauf verschwenden, günstige Momente abzupassen, in denen Janine von mir wegschaute, damit ich heimlich meinen Nasenausfluss mit dem Jackenärmel abwischen konnte. Es war nicht schön.

Mein allerschlimmstes Date hatte ich mit Dana. Dank ihr weiß ich, dass Schwein auf Polnisch Swinia heißt. Ich begegnete ihr zum ersten Mal am Strand. Sie baute eine Sandburg mit ihrer kleinen Schwester, ich lag auf meinem Badetuch und entspannte. Es waren 26 Grad, das kann ich deshalb so genau sagen, weil es an diesem Strand immer 26 Grad warm ist. Ich war auf Kurzurlaub im »Tropical Islands«, das ist ein riesiges Spaßbad in Brandenburg, mit Saunalandschaft, Whirlpools und echtem Urwald. Das Ganze liegt in einer riesigen Halle, die ursprünglich gebaut worden war, um darin Zeppeline zu montieren. Als das nicht klappte, kam ein findiger Unternehmer aus Asien und hat einfach Berge von Sand aufgeschüttet und die Heizung aufgedreht. »Europas größte tropische Urlaubswelt«, heißt es in der Reklame. Man kann auch schwimmen, es gibt zwei größere Becken, das eine nennen sie »Südsee«, das andere »Bali-Lagune«. Wer in der Südsee schwimmt, blickt auf ein riesiges Plakat an der Hallenwand, das einen Horizont zeigt. Das »Tropical Islands« ist wie die Truman Show, bloß ohne Kameras und mit 25 Euro Eintritt.

Ich war mit vier Freunden hergekommen, so viele wie in meinen Polo passten. Dana hatte ihre ganze Familie mitgebracht: die kleine Schwester, vielleicht zehn Jahre, ihre Eltern und eine Tante. Ich lag etwa fünf Meter von ihnen entfernt, gerade nah genug, um einzelne Wortfetzen zu hören und mitzukriegen, dass sie nicht deutsch sprachen. Dana trug einen Bikini, und das konnte sie sich leisten.

Ich bin kein schüchterner Mensch, und ich ertrage Körbe, obwohl ich selten einen bekomme. Aber diese Frau hier am Strand der Südsee vor versammelter Familie anzusprechen, das erschien mir zu heikel. Nein, ich musste warten, bis sie alleine war. Ich musste sie von ihrer Herde trennen.

Zum Glück dauerte es nicht lange, dann stand sie auf, klopfte sich den Sand von den Beinen und verschwand mit ihrer Schwester in Richtung Rutsche. Ich hinterher.

Rutsche ist eigentlich kein angemessenes Wort, wenn man von dem Gebilde im »Tropical Islands« spricht. Es ist ein Biest von einer Rutsche, fast dreißig Meter hoch, etwas Furchteinflößenderes habe ich bis jetzt in keinem anderen Spaßbad gesehen, und es dauert einige Zeit, bis man die Treppenstufen bis ganz nach oben gestiegen ist.

Ich war direkt hinter der Bikini-Frau, von Nahem war ihr Hintern vielleicht etwas zu breit, aber Apfelpos sind auch überbewertet. Ich wollte sie ansprechen, aber mir fiel nichts Rechtes ein, erst als wir ganz oben standen, aber da hatten die beiden schon in der Rutsche Platz genommen und warteten auf das grüne Lämpchen, das ihnen anzeigte, dass die Bahn frei sei. Es blinkte und sie stießen sich ab. Ich hinterher.

Unten ließ ich nichts anbrennen.

»Du warst doch letzte Woche auch schon hier, oder?«

War sie natürlich nicht, überhaupt sei es ihr erster Besuch im »Tropical Islands«.

Sie sprach mit starkem Akzent, es klang irgendwie französisch, aber Dana sagte, sie komme aus Poznan.

Ihre Schwester drängelte, endlich weiter zu rutschen, also stiegen wir noch ein paarmal die Treppenstufen hoch, und wenn ich mich nicht täuschte, warf Dana dabei öfter Blicke auf meinen durchtrainierten Bauch. Mir gefällt er auch. Ich habe kein richtiges Sixpack, jedenfalls keines wie Tyler Durden, aber ein bisschen Bauchmuskeln sieht man schon.

Ich lud die beiden zum Eis ein, und als wir vor dem Restaurant standen, wollte die Schwester auch noch Cola und einen Schokoriegel. Alles auf meine Chipkarte.

»Lass es dir schmecken«, sagte ich.

Frauen zu beeindrucken kostet meistens Geld. Und Nerven. Manchmal auch Würde. Trotzdem ist der Aufwand in meinen Augen gerechtfertigt, denn letztlich entscheidet immer die Frau bei der Partnerwahl.

Sie sucht aus – er nimmt, was er kriegen kann. Das ist Fakt. Ich habe im Fernsehen eine Sendung über einen Typen gesehen, der Studenten beim Speeddating beobachtet hat. Was da rauskam, wirft ein schlechtes Licht auf die gesamte Männerwelt. Ich selbst habe noch nie an so einer Veranstaltung teilgenommen, aber offenbar bekommt jeder Anwesende gleich zu Beginn ein Kärtchen gereicht, auf dem er dann notiert, welchen Kandidaten des anderen Geschlechts er gerne wiedersehen möchte. Am Ende werden die Kärtchen eingesammelt und ausgewertet, und nur bei wechselseitigem Interesse gibt der Veranstalter Telefonnummern oder Mailadressen heraus, die Kontaktaufnahme bleibt den Glücklichen dann selbst überlassen. Der deutsche Wissenschaftler hat einfach die abgegebenen Karten ausgewertet, und die traurige Wahrheit lautet: Männer setzen praktisch überall ihr Häkchen, um bloß keine Chance auf Übereinstimmung zu verpassen. Die Frau entscheidet, ob ein Treffer zustande kommt oder nicht. Es lohnt also, sich Mühe zu geben.

Nach dem Eisessen wollte Dana wieder zur Südsee zurück, es sei schließlich ein Familienausflug. Aber vielleicht könnten wir uns ja am späten Abend treffen. Hier in der Halle. Das »Tropical Islands« hat rund um die Uhr offen, man kann eine Gebühr zahlen und dann einfach im Zelt übernachten, genau das hatten ihre Eltern vor.

Wir verabredeten uns für zehn Uhr an der Bali-Lagune. Jetzt musste ich nur noch meine Freunde überreden, ebenfalls die Nacht hier zu verbringen. Logistisch war das kein Problem, wir konnten uns einfach in den Sand legen oder auf eine Strandmatte. Außerdem hatte ich ein Totschlagargument auf meiner Seite.

»Es geht um eine Frau.«

Weil ich der Fahrer war, blieb ihnen nicht viel übrig. Ich bat sie noch, ab zehn bitte nicht mehr in die Nähe der Lagune zu kommen, die Halle war schließlich groß genug.

Am frühen Abend sahen wir uns noch die Zaubershow an, angeblich eine besondere Attraktion. Ich hatte noch nie so einen schlechten Magier gesehen. Bei jeder Nummer war sofort klar, wie der Trick funktionierte, einmal ragte gar der schwarze Filzbelag eines doppelten Bodens aus seiner Zauberkiste.

Sobald es draußen dunkel wird, dimmen die Techniker im »Tropical Islands« die Deckenbeleuchtung. Dafür gehen die Unterwasserstrahler an. Als ich kurz vor zehn an der Lagune eintraf, schimmerte sie bereits türkisfarben. Dana war noch nicht da, doch sie würde ganz bestimmt kommen, wegen meiner Bauchmuskeln und weil ich mich spendabel gezeigt hatte. Und sie wollte Sex.

Bei Frauen bin ich Zweckoptimist, denn genau das wollen sie: einen selbstbewussten Mann. Zweifel haben sie selbst genug.

Nach fünf Minuten erschien Dana tatsächlich, wir schwammen ein paar Runden im Becken, dann entdeckte sie den Whirlpool. Eine Frau, die gleich am ersten Abend mit einem Fremden in den Whirlpool steigt, ist zu allem bereit. Leider hatten wir das Becken nicht für uns alleine, ein älteres Ehepaar grüßte uns.

»Ist dir eigentlich aufgefallen, wie viele Polen und Tschechen hier sind?«, sagte Dana.

»Nee, echt?«

»Bestimmt jeder Dritte.«

Ich wollte lustig sein und fragte, ob ich mich wohl um die Sicherheit meines Autos sorgen müsse, sie rollte mit den Augen, und dann packte sie Deutschenwitze aus.

»Warum werden so viele von euch per Kaiserschnitt geboren?«

»Ja und?«

»Wegen des Quadratschädels!«

Es war der erste Witz, den ich je über Deutsche gehört hatte, und das Lachen fiel mir schwer.

»Pass auf, noch einer: Wie heißen freundliche Menschen auf deutschen Straßen? Touristen!«

Ich begriff, in welche Richtung diese Witze gingen. Komisch fand ich sie nicht.

»Sei nicht eingeschnappt«, sagte sie. »Mein armer kleiner Deutscher.« Dabei strich sie mir über den Kopf, jetzt waren wir endlich auf dem richtigen Weg. Sich im Whirlpool zu necken und durch die Haare zu streicheln, ließ nicht viel Interpretationsspielraum, dachte ich.

Das Nächste, was sie sagte, war »Swinia«. Sehr laut und böse. Ich hatte ihr unter Wasser an den Busen gefasst, und zwar mit Absicht.

»Äh, Tschuldigung.«

»Swinia«, wiederholte sie, machte aber keine Anstalten, aus dem Becken zu steigen. Dana beruhigte sich wieder und erzählte mir, dass sie einen Freund habe.

»Und warum triffst du dich dann mit mir?«

»Weil ich dich nett finde.«

Das Ehepaar starrte in unsere Richtung. Ich überredete Dana zu einem Spaziergang in den Dschungel, ein Gelände in der Hallenmitte mit echten Mangroven und Urwaldpflanzen, ein kleiner Pfad schlängelte sich hindurch. Es war zwar dunkel, aber schön warm, 26 Grad eben, und ich wurde das Gefühl nicht los, dass ich bei Dana noch Chancen hatte. Sie ging immer dicht neben mir, das war kein geeigneter Sicherheitsabstand für eine Frau, die wusste, dass sie es mit einem Busengrapscher zu tun hatte. Wir spazierten eine Weile wortlos nebeneinander her, dann griff sie nach meiner Hand und sagte: »Ich mag dich ganz gerne.«

Ich zog sie an mich und versuchte, sie zu küssen. Sie zischte »Swinia!« und schlug mich. Es knallte richtig in meinem Kopf, sie hatte mein Ohr getroffen.

»Spinnst du?«, schrie ich. Den Worthagel, der sich dann über mich ergoss, habe ich nicht verstanden.

Mach es zu deinem Projekt

Magnus (35), Reiseleiter, Dortmund
über
Christine (32), Versicherungsangestellte, Frankfurt am Main

Sie hatte die kleine Thailandrundreise gebucht. Das hieß, mir blieb wenig Zeit. Vier Tage und vier Nächte, dann würden wir wieder in Bangkok ankommen, und unsere Wege würden sich trennen, wahrscheinlich für immer. Für Außenstehende mag das nach Stress klingen, aber ich war Anbaggern unter Zeitdruck gewohnt. Ich holte Christine vom Don Mueang International Airport ab. Sie war eine von 29 Paxen. So nennen wir unsere Gruppenmitglieder, das kommt eigentlich aus der Luftfahrtbranche. »Persons approximately«, die ungefähre Anzahl der Personen an Bord einer Maschine.

Christine stand mit ihrer Freundin Tanja und zwei Männern vor dem Bus. Anscheinend Pärchen, was ich recht schade fand, denn beide Frauen sahen gut aus. Als das Gepäck verstaut war, fuhren wir los in Richtung Ayutthaya, der alten Königsstadt nördlich von Bangkok. Es war Mitte Dezember. Da hat in Thailand gerade die Trockenzeit begonnen, die Temperaturen sind gemäßigt und erträglich für deutsche Touristen. Christine war zum ersten Mal in Asien.

In Ayutthaya besuchten wir die wichtigsten Tempel: Wat Phanan Choeng, Wat Mahathat und Wat Phra Sri Sanphet. Im Grunde gibt es in dieser Stadt noch viel mehr zu sehen, denn schließlich haben hier mehr als dreißig Könige hintereinander regiert, bis im 18. Jahrhundert die Birmanen kamen und alles zerstörten. Aber selbst die Ruinen beeindrucken.

Nach dem Abendessen im Restaurant nahmen wir noch einen Absacker an der Hotelbar. Die einen unterhielten sich über thailändische Tempelarchitektur, die anderen über den Flug und darüber, dass sie eigentlich dringend schlafen müssten. Ich dagegen nutzte die Zeit. Zum Glück stellte sich heraus, dass der Mann an Christines Seite nicht ihr Freund war, sondern ein Bekannter. Aus einem Absacker wurden zwei und dann drei. Vor dem Schlafengehen schrieb ich in mein Tagebuch: »Übles Trinken. Eine sah scharf aus.«

Ich weiß gar nicht, ob es in meinem Arbeitsvertrag einen Passus gab, der mir sexuelle Kontakte mit Paxen untersagte. Wenn ja, habe ich den wohl übersehen. Und wo kein Kläger ist, ist auch kein Beklagter.

Der Beruf des Reiseleiters bringt einige Nachteile mit sich. Aber über einen Mangel an Sexualkontakten kann man sich nicht beschweren. Man hat automatisch einen gewissen Schlag bei den Frauen, schließlich lebt man in einem fremden Land, kennt sich aus, kann vieles erklären. Das imponiert. Außerdem können sie mit dir rummachen, ohne fürchten zu müssen, dass du später ständig bei ihnen auf der Matte stehst.

Ich hatte in meiner Reiseleiterzeit eine Menge Frauen. Neulich habe ich mich hingesetzt und durchgezählt: Es waren 17 in vier Jahren. Acht Paxe, neun Kolleginnen, eine Kellnerin und eine Animateurin. Damit gehörte ich aber maximal zum unteren Branchendurchschnitt. Sowieso bin ich nicht der Draufgängertyp, in meiner Jugend war ich oft schwer verliebt und wurde ebenso oft enttäuscht. Den Satzeinstieg »Du bist ja sehr nett, aber ...« musste ich nicht nur einmal hören.

Heute sagt das keine mehr zu mir, mein Beruf hat mir geholfen. Man lernt, die Signale der Frauen besser zu deuten. Das Problem des unerfahrenen Mannes ist ja nicht bloß, dass er zu spät merkt, wenn eine Frau nichts von ihm will. Er merkt auch nicht, wenn eine Frau einfach nur unsicher ist und deshalb nicht auf seine Anmache reagiert.

Vor ein paar Jahren wollte ich eine Frau in großer Runde unter dem Tisch befüßeln, gleich bei der ersten Berührung schreckte sie hoch: »Was machst du denn da?«

Sie hat mich vor versammelter Mannschaft blamiert. Und trotzdem ist sie später mit mir ins Bett gegangen. Ein unerfahrener Mann hätte gleich aufgegeben.

Am zweiten Tag unserer Tour standen wir früh auf und fuhren nach Suphanburi. Als wir ins »Sukjai« gingen, einen netten Biergarten, saß Christine neben mir, und ich denke, das war von beiden Seiten so gewollt. Sukjai heißt »glückliches Herz«.

Es schien ihr zu gefallen, wenn sich zwischendurch unsere Beine kurz berührten. Auch als wir ins Hotel zurückfuhren, gab es leichte Berührungen auf der Rückbank. Aber sie konnten auch ein Zufallsprodukt sein. Und dummerweise bleibt es immer noch dem Mann überlassen, den einen entscheidenden Schritt zu tun: den Schritt aus der Zufälligkeit in die Absicht.

Im Hotel löste sich unsere Gruppe kurz auf, jeder ging auf sein Zimmer und machte sich frisch. Ich schrieb in mein Tagebuch:

»Christine zeigt sich berührungsfreundlich.«

Was man mit zunehmender Erfahrung auch lernt, ist das richtige Timing. Mir ist das klar geworden, als ich mit einer Reisegruppe in Kenia unterwegs war. In den Aberdare Mountains, an einer natürlichen Salzleckstelle, die alle möglichen Wildtiere aufsuchen, um ihren Bedarf an Salzen zu decken. Wir hatten das Glück, einem Leoparden bei der Jagd zuzusehen. Diese Tiere können nur eine begrenzte Strecke sprinten, deshalb müssen sie sich so weit wie möglich an ihr Opfer anschleichen. Je weiter der Leopard schleicht, desto größer ist die Gefahr, dass die Antilope ihn bemerkt und wegrennt. Doch wenn er zu früh losrennt, wird sie ihm davonlaufen. Je hungriger der Leopard ist, desto weniger Geduld hat er und sprintet einfach los. So ist das auch bei der Jagd nach Frauen. Für mich die perfekte Parabel.

Wir trafen uns unten im Coffee Shop wieder, nicht alle 29, nur eine Handvoll Paxe und ich. Christine war zum Glück auch dabei, und so gerne ich ihr meine ganze Aufmerksamkeit geschenkt hätte: Als Reiseleiter darf man niemanden bevorzugen, sonst gibt es Beschwerden. Sie verstand das. Es war schon weit nach Mitternacht, als wir die Runde auflösten, und es hatte reichlich Mekong gegeben, den berüchtigten Thai-Whisky. Christine und ich nahmen denselben Fahrstuhl, und die Tür war kaum geschlossen, da fingen wir an, uns zu küssen. Der Aufzug fuhr drei Stockwerke, dann musste sie aussteigen. Ich fragte: »Willst du noch mit mir aufs Zimmer kommen, Pauline?«

»Wohl eher nicht«, sagte Christine.

Keine Ahnung, wie das passieren konnte. Ich hatte weder an eine bestimmte Pauline gedacht, noch wollte ich irgendeine andere Person als genau diese Christine in meinem Bett haben. Wahrscheinlich war es der Alkohol.

Christine wirkte nicht wirklich geschockt, aber sie war stolz genug, mich einfach im Aufzug stehen zu lassen.

Der nächste Morgen fing nicht gut an. Meine Reisegruppe war nicht komplett. Zwei männliche Paxe fehlten beim Frühstück, genau die zwei, die mich am Vorabend nach einer Diskothek gefragt hatten. Als ich an ihre Zimmertür klopfte, öffnete eine nackte Thailänderin und schlüpfte zu den beiden Betrunkenen zurück ins Bett.

Mit etwas Verspätung fuhren wir weiter nach Kanchanaburi, im Bus saß ich ganz vorne und Christine weit hinten. Wir machten mehrere Zwischenstopps, aber auch da kamen wir uns nicht besonders nahe. Ich versuchte, das Debakel der letzten Nacht weitestmöglich auszublenden. Gut verdrängt ist halb verarbeitet.

Zum Abendessen setzte sie sich neben mich. Christine war keine von denen, die ewig auf einem Fettnäpfchen herumreiten oder erst zahllose Entschuldigungen verlangen. Etwas später am Abend probierten wir die Hängematte im Hotelgarten aus. Aber nur kurz, dann verschwanden wir aufs Zimmer. Uns blieben schließlich nur noch zwei Nächte. Die wollten wir nutzen.

Der Krampf geht weiter

Ricardo (31), Angestellter, Bochum
über
Sandra, Tine und ein paar andere

Am Vorabend hatten wir Flaschendrehen gespielt. Erik, Kathrin und ich. Das ist keine Sensationsnachricht, ich bin sicher, das hat jeder schon zigmal in seinem Leben getan. Aber die meisten wahrscheinlich mit elf oder so. Wir waren um die dreißig, und es war ein großer Fehler.

Wir saßen in der Kneipe und hatten Unsinn im Kopf. Das kommt bei uns häufiger vor, wir kennen uns von der Arbeit, sind Angestellte in einem der größten Dortmunder Unternehmen. Nach Feierabend ziehen wir regelmäßig eine Straße weiter in die nächste Kneipe, trinken Bier und lästern über nicht anwesende Kollegen. Unsere Abteilung ist voll von Typen, die zum Lästern herausfordern. Der Freak mit dem strähnigen Haar, der sich nach Klogängen nie die Hände wäscht. Der Mann mit Mundgeruch, der Selbstgespräche führt, sobald er glaubt, er sei ungestört. Wir haben einen Choleriker, einen Angsthasen, eine penetrante Rechthaberin – das gesamte Spektrum an Arbeitskollegen, die man eigentlich niemandem wünscht.

Leider machte uns das Lästern an diesem Abend nicht so viel Spaß wie sonst, es schien fast, als sei alles denkbar Gemeine bereits gesagt. Kathrin hatte das Etikett ihrer Bierflasche abgepellt, das macht sie, wenn ihr langweilig ist. »Lass uns Flaschendrehen spielen«, schlug sie vor. Ich überlegte kurz, ob ich der Form halber protestieren, vielleicht etwas einwenden sollte wie, ob das nicht kindisch sei.

Die Aussicht auf Nervenkitzel hielt mich davon ab. Kathrin kippte den letzten Schluck ihres Pils runter, legte die Flasche flach auf den Tisch und räumte eine Kerze aus dem Weg. Sie durfte beginnen.

»Auf wen die Flasche zeigt, der muss einen Bierdeckel aufessen.«

Es traf Erik.

»Gibt Schlimmeres«, sagte der nur. Nach einer Minute hatte er einen ganzen Bierdeckel zerkaut und heruntergeschluckt. Es war lustiger, als es sich anhört. Nun war er an der Reihe.

»Auf wen die Flasche zeigt, muss den Wirt fragen, ob er uns Marihuana vertickt.«

Diesmal traf es mich. Der Wirt glotzte blöd, zeigte mir einen Vogel. Auf diesem Niveau ging es weiter. Ich musste meine eigenen Schuhe küssen, Kathrin täuschte einen epileptischen Anfall vor. Der arme Erik bekam aufgetragen, am nächsten Morgen im Büro die Hand von Herrn Carstens zu schütteln. So heißt der Kollege, der sich nach dem Klo nicht wäscht. Die beste Idee des Abends hatte ich selbst: »Auf wen die Flasche zeigt, muss morgen Abend rumflirten, bis er Erfolg hat.«

Morgen Abend, da war die Party im »Apartment 45«, zu der wir gehen wollten.

Die anderen fanden meinen Vorschlag lustig. Bevor ich nach der Bierflasche greifen konnte, hielt Kathrin meine Hand fest.

»Moment. Wie definieren wir denn Erfolg?«

Berechtigter Einwand. Die Rahmenbedingungen mussten vorher klar abgesteckt sein, damit es hinterher keine Streitigkeiten gab.

»Meinst du etwa einen One-Night-Stand? Dann steige ich nämlich aus.«

»Nee, es muss nur zum Kuss kommen. Aber richtig.« Darauf konnten wir uns einigen. Endlich eine Aufgabe, die nicht nur spaßig anzuschauen wäre, sondern auch für den Spieler selbst echten Nutzen haben würde, dachte ich noch. Kurz darauf bereute ich es. Die Flasche zeigte auf mich.

Den ganzen nächsten Tag war ich nervös. Normalerweise nehme ich Abfuhren sportlich, aber heute würde ich unter Beobachtung meiner Freunde stehen. Schon auf dem Weg zur Party sprachen wir über nichts anderes. Kathrin schätzte, ich würde drei oder vier Anläufe brauchen, um einen Treffer zu landen. Erik war da pessimistischer.

Das »Apartment 45« ist ein House-Club in der Viktoriastraße, man kann da auf drei Etagen feiern, eine Dachterrasse gibt es inzwischen auch. Hätte Bochum eine Skyline, könnte man die hier super bewundern. Der Mainfloor liegt im fünften Stock; als wir eintrafen, war der Club bereits gut gefüllt. Vor der Theke hatte sich eine lange Schlange gebildet, auch auf der Tanzfläche drängelten sich Gäste. Da waren viele hübsche Mädchen, einige konnten glatt als Models durchgehen. Von Frauen dieser Preisklasse lasse ich grundsätzlich meine Finger, ich folge lieber dem Ratschlag, den ich in *Der perfekte Verführer* gelesen habe: Kommt ein flirtwilliger Mann auf eine Party, sollte er alle anwesenden Frauen im Raum auf einer Attraktivitätsskala von eins bis zehn einstufen. Und sich dann die Sieben vorknöpfen. Das bewahrt ihn vor allzu peinlichen Abfuhren.

Ich fühlte mich wie eine Zecke im Nudistencamp, ich wusste, was zu tun war, aber nicht, wo ich anfangen sollte. Erst einen Überblick verschaffen. Durchatmen. Noten geben. Bald hatte ich eine potenzielle Sieben ausgemacht, eine dürre Blonde neben der Tanzfläche, keine Gisele Bündchen vielleicht, aber doch so attraktiv, dass ich sie stolz meinen Freunden vorstellen würde, wenn das hier klappte. War sie vielleicht doch eher eine Acht? Egal. Ich ging rüber.

»Magst du einen Drink oder so?«

»Danke, hab noch.« Stimmt, da war eine Bierflasche.

»Du tanzt wohl auch nicht gerne, oder?«

Sie sah mich kurz an und runzelte die Stirn.

»Doch, das tue ich.« Dann verschwand sie auf der Tanzfläche.

Wer einen Korb erleidet, ist normalerweise bedient. Manchmal für Tage, manchmal für Wochen. Es gibt Männer, die sich nach einer Abfuhr in psychologische Behandlung begeben müssen. Ich hatte keine Zeit zum Wundenlecken. Ich musste weitermachen, so waren die Regeln. Ich sprach eine ganz in Schwarz gekleidete Sechs an, ließ aber auch schnell wieder von ihr ab, als sie mir ihren Freund vorstellen wollte.

Eine süße Sieben mit Haarspangen redete keine fünf Sätze mit mir, eine asiatische Acht ließ sich zwar Wodka-Redbull ausgeben, entschuldigte sich dann aber und huschte rüber zu ihren Freundinnen. Eine kleine Pummelige, die ich eine halbe Stunde in ein Gespräch verwickeln konnte, musste plötzlich noch auf eine Privatparty von Freunden. Nein, da könne ich leider nicht mit hin.

Was war nur los heute? Ob ich zu aggressiv vorging?

Vor den Toiletten lief ich Sandra über den Weg, einer alten Bekannten aus Abiturzeiten. Wir fragten uns gegenseitig, was wir so machen, und ich versuchte, ihr zu imponieren, ich sagte, ich stehe kurz vor einer wichtigen Beförderung, überhaupt habe mein bisheriges Berufsleben im Wesentlichen aus Beförderungen bestanden. Sie schien interessiert und trank zwei Bier mit mir, zwischendurch tanzten wir ein wenig. Schließlich erzählte ich vom Flaschendrehen und meiner schwierigen Aufgabe. Ich fragte, ob sie mir aus der Klemme helfen wolle, ich könne auch ganz gut küssen.

»Frag doch deine Sekretärin«, schlug sie vor.

Mit jeder Zurückweisung wurde ich unsicherer. Ich spürte die Blicke von Kathrin und Erik auf mir. Wahrscheinlich lästerten sie bereits den ganzen Abend über mich, von unseren Kneipenabenden wusste ich: Das Handwerk des Lästerns beherrschten sie.

Ich begann, mich selbst zu bemitleiden. Warum hatte die Flasche am Vorabend nicht auf Erik gezeigt? Wie gerne hätte ich im Gegenzug seinen Bierdeckel aufgegessen. Ich wollte sie bitten, das Spiel zu beenden, mich von meiner Aufgabe zu erlösen. Sie lehnten an einem Fensterbrett in der Ecke, und wie sich herausstellte, hatten sie tatsächlich jeden meiner Anmachversuche beobachtet.

»Ist doch erst halb drei«, sagte Erik. »Hier laufen bestimmt ein oder zwei Mädchen rum, die du heute noch nicht dumm angequatscht hast.« Kathrin klopfte sich auf die Schenkel.

Ich fragte, ob wir die Aufgabe zumindest abändern könnten. Ich bot an, einen peinlichen Tanz aufzuführen. Oder dem Türsteher zu sagen, mir gefiele sein Gesicht nicht.

»Kommt nicht in Frage«, sagte Erik. Er habe an diesem Morgen schließlich Herrn Carstens die Hand gegeben, wahrscheinlich werde sie ihm nun abfaulen.

»Habe ich mich etwa gedrückt? Nein.« Außerdem seien Wettschulden Ehrenschulden.

Ich wandte ein, dass Flaschendrehen keine Wette im eigentlichen Sinne sei, aber sie überstimmten mich.

Ich nahm noch einen Anlauf. Da stand diese Frau an der Theke. Typ Unscheinbar, aber auf den zweiten Blick eine echte Option. Ihre Kleider wirkten alle eine Nummer zu groß, auf Schminke verzichtete sie ganz, die Hello-Kitty-Brosche wirkte auch etwas deplatziert. Maximal eine Fünf, dachte ich.

»Hi, kennen wir uns nicht?«

»Ich kenne dich, weil du vorhin meine Freundin angemacht hast. Eher plump übrigens.«

Das war's. Noch weiter wollte ich mich nicht demütigen lassen.

Ich kehrte zu meinen Begleitern zurück, sie kicherten schon wieder.

»Bin ich wirklich so unattraktiv?«

Da verstummte Kathrin, ich glaube, jetzt hatte sie Mitleid mit mir.

»Nee, Ricardo, du bist attraktiv. Ich glaube, du warst nur zu verkrampft.«

Dann passierte etwas Wunderbares. Kathrin stand auf, legte ihren Arm um meine Schulter und gab mir einen langen Kuss. Etwas Zunge war auch dabei.

»Gratuliere«, sagte sie. »Jetzt bist du erlöst.«

*Bitte beachten Sie auch die Hinweise
auf den folgenden Seiten.*

DER AUTOR

Sebastian Leber ist 32 Jahre alt und Redakteur beim Berliner *Tagesspiegel*. Er ist im Rheinland aufgewachsen, hat in Hamburg studiert und lebt heute in Berlin-Prenzlauer Berg. Er sagt: Abfuhren zählen zu den extremsten Grenzerfahrungen, die ein Mann in seinem Leben durchstehen muss.

Sebastian Leber
ABGEBLITZT
33 Männer berichten von herzzerreißenden Abfuhren,
schmachvollen Niederlagen und unerwiderten Gefühlen
ISBN 978-3-89602-957-7

1. Auflage März 2010
2. Auflage April 2010

KATALOG

Wir senden Ihnen gern kostenlos unseren Katalog
Schwarzkopf & Schwarzkopf Verlag GmbH / Abt. Service
Kastanienallee 32 | 10435 Berlin
Telefon: 030 – 44 33 63 00 | Fax: 030 – 44 33 63 044

INTERNET | E-MAIL

www.schwarzkopf-schwarzkopf.de
info@schwarzkopf-schwarzkopf.de